迪庆群众
文化多样化发展

王文品　编著

民族出版社

图书在版编目（CIP）数据

迪庆群众文化多样化发展 / 王文品编著 .-- 北京：民族出版社，2024. 12.-- ISBN 978-7-105-17430-0

Ⅰ. G249.277.42

中国国家版本馆 CIP 数据核字第 2024ZP8989 号

装帧设计：柴氏加央传媒有限公司

责任编辑：杨蜀艳

迪庆群众文化多样化发展

DIQING QUNZHONG WENHUA DUOYANGHUA FAZHAN

王文品 编著

出版发行 民族出版社

社　　址 北京市东城区和平里北街 14 号国家民族新闻出版大楼

邮　　编 100013

网　　址 http://www.mzpub.com

开　　本 787 毫米 ×1092 毫米　1/16

印　　张 9

字　　数 220 千

版　　次 2024 年 12 月第 1 版

印　　次 2024 年 12 月第 1 次印刷

印　　制 北京盛通印刷股份有限公司

经　　销 各地新华书店

书　　号 978-7-105-17430-0/G・2241（汉 1094）

定　　价 58.00 元

投稿热线：010—58130098　724386736@qq.com；发行部：010—64211734

序

迪庆藏族自治州（简称迪庆州）位于云南省的西北部，是一个多民族聚居的地方，全州境内居住着的民族就有26个之多，拥有丰富的文化遗产和独特的民族风情。这里的群众文化艺术独具特色，是反映各民族人民的生活，表达思想感情和愿望的重要载体，也是迪庆群众生产生活中不可或缺的一部分，在构建和谐社会、振奋民族精神、加强民族团结、促进地方稳定、发展群众文化等方面发挥了重要的作用。这里的群众文化工作不仅承载着深厚的历史传统，也对人们的社会生活产生了深远的影响。不管是古老的传统节日还是独具特色的民间艺术，抑或世代传承的藏族史诗，都是群众文化的重要组成部分，在凝聚人心、传承文化、推动社会和谐等方面有重要意义。

本书旨在展示迪庆州文化馆的群众文化工作成果和经验，为更多的人了解和关注迪庆州的文化传承提供窗口。本书共分为音乐作品、工作思考、专题报道、成果展示四个部分，涵盖了群众文化工作的多个方面，为读者呈现了迪庆州群众文化工作的全貌。

本书的出版旨在推动迪庆州群众文化工作的发展，促进民族文化的交流与传承，并希望通过介绍迪庆州群众文化工作的经验和成果，为其他群众文化工作者提供启示和借鉴，为推动迪庆民族文化的传承和发展作出贡献！

回顾过去，我们豪情满怀；展望未来，我们信心百倍。放歌壮丽新时代，迪庆州群众文化大有可为。我们用汗水、激情、责任、梦想生发强劲力量，让文艺之美闪耀迪庆高原，为迪庆州经济社会发展提供强大的精神动力，这是当代迪庆州群众文化工作者的光荣使命和历史担当。

谨书数言，是为序。

王文品

2024年3月11日

目 录

第一部分

音乐作品

党在我心中

1＝F $\frac{4}{4}$

演唱：小布

王文品 词
噶尔·格桑杰 曲

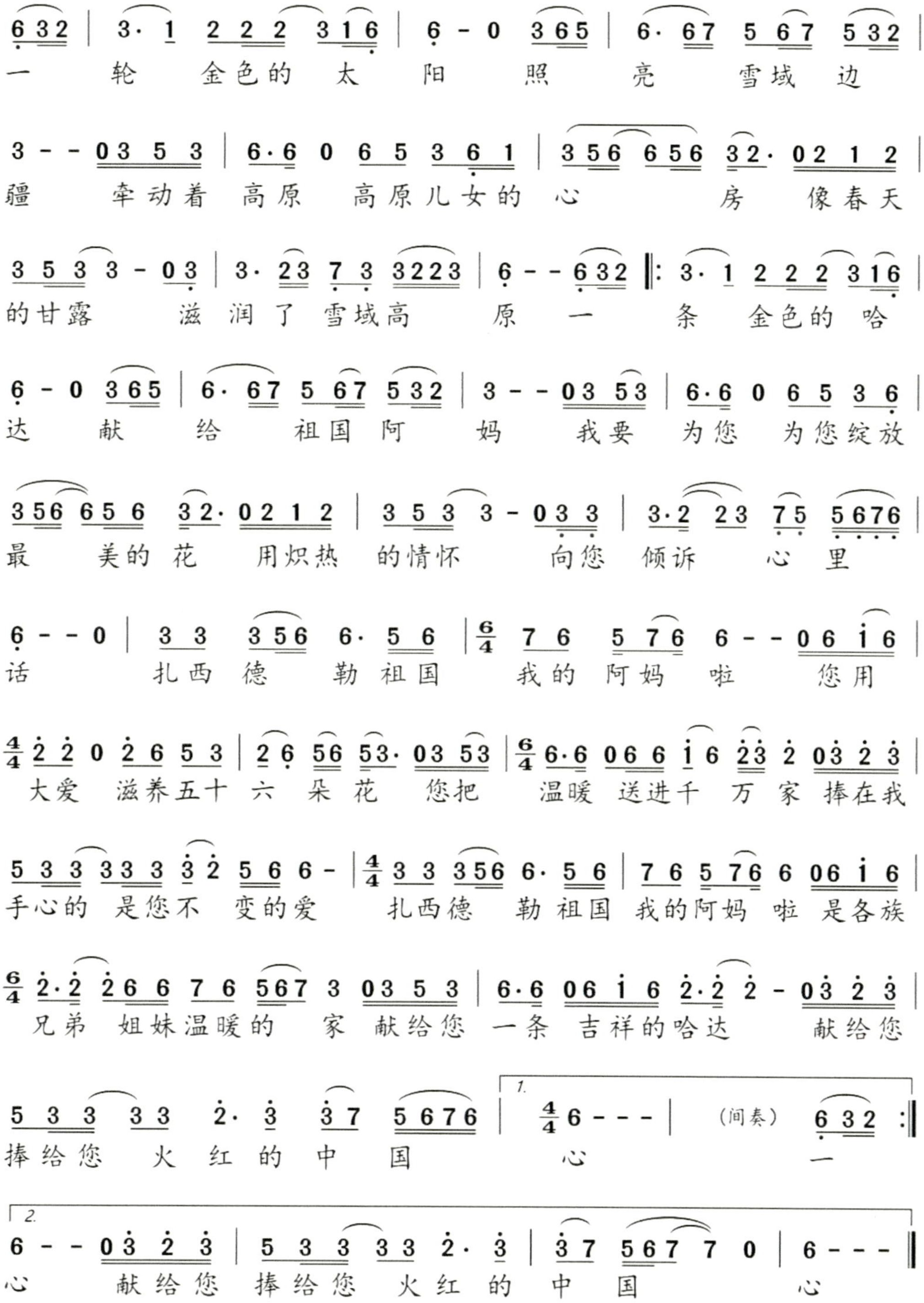

一 轮 金色的 太 阳 照 亮 雪域 边
疆 牵动着 高原 高原儿女的 心 房 像春天
的甘露 滋 润 了 雪域高 原 一 条 金色的 哈
达 献 给 祖国 阿 妈 我要 为您 为您绽放
最 美的 花 用炽热 的情怀 向您 倾诉 心 里
话 扎西 德 勒 祖国 我的 阿妈 啦 您用
大爱 滋养五十 六 朵 花 您把 温暖 送进千 万 家 捧在我
手心的 是您不 变的爱 扎西德 勒 祖国 我的阿妈 啦 是各族
兄弟 姐妹温暖的 家 献给您 一条 吉祥的哈达 献给您
捧给您 火 红 的 中 国 心 （间奏） 一
心 献给您 捧给您 火 红 的 中 国 心

第二部分

工作思考

关于迪庆民族民间文化（戏曲）传承发展的调研

◇王文品

迪庆州以自然景观和民族文化著称，是一个多民族聚居的地方，在特定地域环境与社会历史演变背景下，形成了独具特色的艺术文化，江边小调、维西大词戏、德钦说唱折嘎及“当协”、藏戏等民族民间文化活动广为流传，充分展示了各民族间的交往交流交融，为开展群众文化活动奠定了宝贵的基础。

一、迪庆州民族民间文化现状

迪庆州内江边小调、维西大词戏这些戏曲的语言使用的是当地的方言，十分具有代表性，主题鲜明，具有一定的传承性。

江边小调即金沙江情歌，主要流传于金沙江南至香格里拉市金江镇兴隆村打芝坝，北至上江乡木高村，西至丽江市玉龙纳西族自治县鲁甸乡河谷一带。这种民歌属于自娱自乐、口耳相传，其语句形式多以七言两句(或四句)为主，又有三、五、六、七、八言(甚至更多)两句(或四句)等多种，由极为押韵和节奏感极强的语句构成，再配上其独有的曲调，形成了独特的地方性、口语化、方言化、曲调化的艺术形式，是民间通俗文化智慧的结晶，是金沙江边各族群众世代相传的民间文化遗存。

维西大词戏是全国三百多个戏曲种类中仅在维西傈僳族自治县（后文简称维西县）保和镇独存的一个地方剧种。该剧种是中原汉文化传入边地后与当地少数民族文化融合而形成的。大词戏唱腔一般不托管弦，一人主唱，众人帮腔，以锣鼓帮衬节制，唱腔词格除少数曲牌为对偶句式外，其余多为长短句式，脸谱多与滇剧、京剧相似，演出服饰通用一般的戏曲服饰，打击乐器主要有提板、羯鼓（又称小鼓或统子）、堂鼓、大钹、小钗、大锣、小锣等。维西县过去老一辈人对大词戏情有独钟，有一种特殊的感情，为了让大词戏能在维西县继续传承，维西县保和镇戏曲爱好者们自觉地组织了大词戏剧团，从民间搜集和整理戏种，并进行排练、表演。

迪庆州以锅庄、弦子为主的节庆活动较为活跃，例如尼西情舞节、德钦弦子艺术节、奔子栏锅庄文化节等，而有关曲子、小调和创作等活动历史虽然悠久，但是知名度小，缺乏普适性。

二、迪庆州民族民间文化发展的困境

在江边小调、维西大词戏等民间文化活动光鲜的外表背后，也有不为人知的艰辛。随着现代社会的快速发展，“快餐文化”逐渐成为生活的主流，年轻人跟随时尚，追赶时代前沿，而古老的民间文化渐渐布满灰尘。

首先，存在场地与资金问题。传统的民间艺术团体往往有一定的收入来源，而江边小调、维西大词戏等民间文化则属于无偿表演或自娱自乐。演出机会少，在收入方面仅仅依靠赞助费，甚至有时候演出者自己拿钱补贴购置费用，种种问题严重制约着民族民间文化的传承和发展。

其次，面临着演员年龄大、断层的问题。民族民间文化的传承面临断层这一重要问题，愿意学习和喜爱曲子、小调的年轻人越来越少，举办相应的活动就更是无从谈起。目前来看，民族民间文化的传承与保护主要依靠一些老人的坚持与热爱。

最后，出现受众面窄、创新后劲不足的问题。对于年轻人来说有些“土”的民族民间文化，潜在受众逐渐减少。一方面，受众辐射的人口总量有限；另一方面，随着现代化的推进，年轻一代很难体验到民族民间文化所带来的精神享受。除此之外，民族民间文化还存在创新后劲不足的问题。一方面，传承方式缺乏新思维，难以适应现代社会的需求；另一方面，相关人才稀少，学习难度较大，过程较枯燥。

三、迪庆州发展民族民间文化的建议

面对实际问题，迫切需要采取一定举措使得江边小调、维西大词戏等民族民间文化活跃起来，不断补齐迪庆州戏曲短板，并且与乡村活动充分联动。

首先，应加大对民族民间文化的扶持力度。除了演职人员的坚守，资金更是发展的地基。

其次，加强指导、培训和推广工作。一方面请当地的专业工作人员、非遗传承人等定期去培训、指导这些地方演员的动作、发音，从而可以让更多年轻人参与进来，缓解演员年龄大、断层的问题。另一方面，持续加强戏曲进乡村文化惠民演出、戏曲知识普及培训，加强戏剧曲艺艺术的宣传、引导、教育工作，制作发布民族民间文化相关课件。

最后，加强对民族民间文化的挖掘和创新。不断挖掘民族民间文化更多深层次的内容，更要不断创新以顺应时代的发展。比如可以结合当下社会发展实际情况重排剧目，在当地的学校、乡村活动室成立社团，培养青年一代的兴趣。同时运用科技手段，用影像记录文化活动。这样做的意义不仅在于可以培养接班人，还可以培养观众群，使观众在听得懂、看得懂的基础上去赏析，进而补齐迪庆州的戏曲短板，加强和乡村活动的联动。

关于筹备云南省群众文化“彩云奖”参赛作品的一点思考

◇王文品

一、现状

云南省群众文化“彩云奖”是云南省为推动群众文化事业繁荣发展而设立的云南省群众文化最高奖项。到2023年为止，云南省群众文化“彩云奖”评奖及展演活动已组织开展至第五届，2024年开展第六届。迪庆州文化馆将在音乐、舞蹈、戏剧、曲艺、美术、书法、摄影七个门类结合迪庆州各民族民间歌舞，编创出坚持社会主义核心价值观，体现民族精神和时代精神，聚焦实现中华民族伟大复兴中国梦的作品去参赛。

二、历届成绩

迪庆州文化馆先后参加了第一届、第二届、第三届、第四届、第五届云南省群众文化“彩云奖”，获奖情况如下。

2020年，舞蹈类作品《牧民新歌》荣获第四届云南省群众文化“彩云奖”。舞蹈类作品《卓玛的新世界》《弦舞之都》入围第四届云南省群众文化“彩云奖”决赛。音乐类作品《宫廷酒歌》《梅里弦音》入围第四届云南省群众文化“彩云奖”决赛。摄影类作品《普天同庆》《吉祥桑烟》《云的那一端》《瑞雪春耕》入围第四届云南省群众文化“彩云奖”决赛。美术类作品《村烟曙色》《高峰奇云》《高原牧场》入围第四届云南省群众文化“彩云奖”决赛。书法类作品《石溪久住》入围第四届云南省群众文化“彩云奖”决赛。

2022年，舞蹈类作品《舞动香格里拉》荣获第五届云南省群众文化“彩云奖”最高奖，入围作品有《心系北京》《雪域弦音颂党恩》《和谐家园》《和谐香巴拉》。

三、存在的困难

从历年参赛作品和获奖情况来看，迪庆州文化馆的民间曲艺类和戏曲类作品展演短板是精品类作品较少，美术类中农民画作品较少，各类创作排演参赛资金紧缺。云南省第六届群众文化“彩云奖”展示展演活动的来临，由于七个门类创作编排的作品要展现出新东西，创作人员面临时间紧、任务重的困难。

四、积极应对

虽然存在时间紧、资金短缺、作品多等诸多困难，迪庆州文化馆将积极应对，抓紧筹备策划，争取上级领导资金支持保障，努力创作出好的作品参加云南省第六届群众文化“彩云奖”展演大赛，争取取得好成绩。

以广场舞普及推广为抓手 促进迪庆州基本公共文化服务均等化及文旅深度融合 助力打造世界的香格里拉

◇王文品

一、通过广场舞普及推广提升迪庆州公共文化服务的均等化水平

迪庆州地处青藏高原南缘，位于横断山区，是三江并流的核心地带，山高谷深，地形复杂，交通不便，民众分散定居在各个山间、峡谷中，提升公共文化服务的均等化水平有极大困难和挑战。藏族、傈僳族、纳西族、白族、彝族、苗族、普米族等迪庆州各民族生性豁达开朗、热爱歌舞，广场舞能满足群众公共文化需求。为了最大限度地满足全州各族群众的公共文化需求，提高公共文化服务的均等化水平，迪庆州各级文化馆(站)积极开展广场舞普及推广工作。

坚持开展广场舞编创推排。结合迪庆州多民族杂居、多元文化交融的特点，坚持每年至少组织编排普及推广一套广场舞，截至目前，迪庆州文化馆已经组织编排和普及推广主题为“民族团结大联欢”“弘扬精粹、传承文化”“世界的香格里拉”等广场舞13套。在广场舞编排过程中，力求展现迪庆州各民族音乐、舞蹈特色，利用迪庆州本土音乐、歌曲为广场舞素材，将各民族民间特有舞蹈动作与现实题材融入广场舞中，使每套广场舞都有鲜明的地方民族文化特点，深受广大群众和游客的喜爱。

积极普及推广广场舞。每年组织开展新编排的广场舞普及推广工作，充分发动已组建的文化服务志愿队伍以及文化志愿者，全州培育打造出近两百支馆办团队及业余文艺演出队等队伍，参与广场舞的普及。迪庆州文化馆每年在三县一区组织开展一期新广场舞培训班，培训对象是来自各乡镇、各村的广场舞爱好者和文化志愿者。培训结束后，他们将学会的新广场舞普及推广到全州各个角落。除了开展培训班，迪庆州文化馆还积极利用微信公众号和文化云平台在线上推广广场舞。州、县文化馆在城区各个广场组织城区居民、外来务工人员和游客开展夜间广场舞活动，乡镇文化站在各乡镇、村广场组织村民开展夜间广场舞活动，形成了覆盖全州的夜间广场舞文化活动氛围，极大丰富了群众的文化生活，培养了广大群众积极、健康、向上的生活方式。

努力保障广大群众和游客集中地的广场舞设备。在独克宗古城、坛城广场、香巴拉公园、经济

开发区中心广场、德钦县弦子文化广场、维西县念萨街文化广场等群众和游客集中的广场配备了广场舞音响设备，由专人定时播放广场舞曲目，满足当地群众和外地游客的文化活动需求。

二、依托具有浓郁地方特色的广场舞，深入推进文旅融合发展

香格里拉拥有绚丽多姿的自然风光，来到香格里拉的游客朋友白天饱览自然风光，夜晚的文化活动可以继续丰富他们的休闲生活。迪庆州的广场舞有着独特的民族文化元素和广泛的参与性，是填补游客夜间旅游空白的不二选择。为了满足游客需求，提高游客对香格里拉的旅游满意度，迪庆州积极推动广场舞繁荣发展及走出去推广服务工作，进一步促进文旅融合发展。

常态化开展“彩云之南等你来”夜间群众文艺演出活动。以独克宗古城、香巴拉公园、经济开发区中心广场、德钦县弦子文化广场、维西县念萨街文化广场等十个游客和本地群众集中的广场为依托，常态化开展广场舞活动。通过展示迪庆州特色的广场舞，吸引游客参与到群众文化活动中，在丰富群众文化活动的同时促进文旅深度融合发展，许多游客通过参与体验广场舞加深了对香格里拉民族文化的了解，对民族文化产生了浓厚的兴趣，提升了旅游体验感，提高了旅游满意度。

在主要旅游节假日和文化节庆活动期间组织开展广场舞展演活动。在“五一”“十一”等旅游节假日以及端午节、弦子节等文化节庆期间，州、县各级文化馆积极组织开展广场舞展演活动，夜间组织开展篝火晚会，邀请游客和当地群众一起跳广场舞。目前，香格里拉夜间篝火晚会已经成为迪庆州进行旅游宣传，吸引游客的一张亮丽名片。

努力打造以广场舞为基础，以篝火晚会形式为蓝本的乡村旅游夜间小剧目。为进一步提升迪庆州乡村旅游品质，切实推动乡村旅游持续健康发展，迪庆州正努力在有一定乡村旅游发展基础的维西塔城、德钦飞来寺、香格里拉建塘镇等地打造几台以广场舞为基础，以篝火晚会形式为蓝本的乡村文化体验式旅游夜间小剧目，实现以文促旅，以旅彰文的目的。

努力营造良好的广场舞氛围，把迪庆州的广场舞推向全省乃至全国，努力把迪庆州打造成为全国具有代表性的世界的香格里拉广场舞文化州。迪庆州文旅局党委高度重视广场舞发展，认为广场舞是迪庆州公共文化领域具有代表性的项目，是促进全州文旅融合，提升香格里拉旅游满意度和公共文化繁荣发展的关键点。目前迪庆州已经有了将迪庆打造为世界的香格里拉广场舞文化州的定位，并逐年计划安排专项的经费推动全州广场舞高质量发展。在2022年的全省文化馆长培训班上，迪庆州被云南省文化馆群众文化学会专业委员会理事会上确定为广场舞专业委员会。

三、广场舞发展健康有序，取得良好成效

音乐、舞蹈在迪庆州拥有广泛的群众基础，广场舞爱好者遍及城乡。在迪庆州每个城区广场，每个自然村都有广场舞爱好者自发组织的广场舞队伍，并常态化地开展广场舞活动。迪庆州的广场

舞不是老年人的专利，许多中青年、青少年都是广场舞爱好者，并且是广场舞主力军，目前迪庆州的广场舞爱好者遍及城乡，覆盖各个年龄段。

编排的广场舞曲目多。到 2022 年为止，迪庆州广场舞已经编排普及推广了 13 套，经过不断发展，迪庆州广场舞曲目已有上百首。绝大部分广场舞曲目是迪庆州本土特有曲目，含有藏族、傈僳族、纳西族、彝族、白族、汉族等民族音乐、舞蹈元素。

四、广场舞普及推广效果明显

迪庆州各民族能歌善舞，能够驾驭不同民族特色的广场舞。身着各民族服装的广场舞爱好者，步态轻盈、舞姿优美、动作整齐，成为香格里拉一道美丽的民族文化风景。

五、广场舞深受游客喜爱

来到香格里拉的游客夜间漫步在独克宗古城，看到本地群众优美的广场舞都会不自觉地驻足观看，并不由自主地参与其中，和本地群众一起沉醉在具有浓郁民族文化特色的广场舞海洋中。

迪庆香格里拉广场舞得到了各级领导和广大群众及游客的认可，大大提升了迪庆公共文化服务的满意度。我们将不忘初心，牢记使命，让香格里拉广场舞走出迪庆，推向全国，走向世界！

云南省文化馆中国民族音乐普及推广分中心挂牌迪庆州文化馆 助力打造世界的香格里拉

◇王文品

为深入贯彻学习习近平总书记在中国文学艺术界联合会第十一次代表大会、中国作家协会第十次代表大会和给中国国家话剧院艺术家回信中的重要讲话精神，充分挖掘、保护、弘扬、宣传迪庆民族音乐，助力打造世界的香格里拉品牌，2022 年 6 月 9 日下午，云南省文化馆中国民族音乐普及推广中心迪庆州分中心挂牌仪式暨“好听云南”——迪庆·世界的香格里拉特色音乐演奏演唱专场惠民演出活动在香格里拉市民族文化广场成功举办。

云南省文化馆中国民族音乐普及推广分中心挂牌仪式合影

此次活动由云南省文化馆、迪庆州文化和旅游局主办，云南省文化馆中国民族音乐普及推广中心、迪庆州文化馆承办，迪庆州音乐家协会、迪庆州德钦县奔子栏镇综合文化站、迪庆州香巴拉文化传媒有限公司协办。云南省文化和旅游厅、云南省文化馆、迪庆州文化和旅游局、迪庆州文化馆以及云南省 2022 年“三区三州”公共文化建设暨全省旅游厕所建设管理培训班全体学员以及广大群众参加活动并观看演出。

挂牌仪式活动现场

挂牌仪式由迪庆州文化和旅游局党委委员、副局长马彩花同志主持。挂牌仪式上，云南省文化馆郭维平馆长致辞并为“中国民族音乐普及推广中心迪庆州分中心”授牌，迪庆州文化馆馆长王文品同志接牌。

郭维平馆长表示，云南历来是民族民间“音乐的海洋”，云南民族音乐文化汇集了二十多个民族不同的音乐文化，反映了各个民族不同的历史和生产生活情趣，是中国音乐文化中独特的一页。今天，我们来到以锅庄和弦子闻名的迪庆州，与大家齐聚一堂，举行首个云南省文化馆中国民族音乐普及推广中心迪庆州分中心、奔子栏锅庄示范点授牌挂牌仪式。

迪庆州文化和旅游局党委委员、副局长马彩花同志主持挂牌仪式

迪庆州分中心授牌仪式

迪庆州有优秀的传统文化需要继承，优秀的民族音乐需要发扬。随着迪庆州文化馆中国民族音乐普及推广中心分中心、示范点的挂牌，可以充分发挥云南省文化馆与十六个州市战略合作优势，打造云南省文化馆民族音乐艺术普及推广“主阵地”，助力公共文化服务高质量发展，同时也为云南省民族民间艺术家搭建一个展示自我风采、切磋艺术技艺的艺术平台。云南省文化馆中国民族音乐普及推广中心迪庆州分中心及奔子栏锅庄示范点的建设是分中心第一家，将在迪庆及云南省弘扬民族音乐的事业上产生重大深远的影响。把迪庆的藏族文化、藏族音乐、藏族锅庄这些优秀的民族艺术之花开遍迪庆大地，把这些优秀的民族艺术种子播撒到祖国乃至世界的其他地方。要发挥好火种的作用，通过分中心、示范点的工作，让更多的人了解民族音乐，热爱民族音乐，发扬“聚是一团火、散是满天星”的效应，为对民族音乐求知若渴的人们送去艺术的微光，为对民族音乐有一定理解和造诣的人们送去指引前行的明灯！

云南省文化馆王丽红副馆长为“中国民族音乐普及推广中心迪庆州分中心奔子栏锅庄示范点”授牌，奔子栏镇文体广电和旅游服务中心此里此姆主任接牌。

奔子栏锅庄示范点授牌仪式

授牌仪式结束后，云南省文化和旅游厅公共文化服务处郭振荣处长宣布活动开始。在省文化馆和州文化馆的高度重视及精心筹备下，一场高品质的“好听云南”——迪庆·世界的香格里拉特色音乐演奏演唱专场惠民演出精彩呈现，赢得现场观众阵阵掌声。此次活动特别鸣谢迪庆州广播电视台的大力支持。

2022 年 6 月 10 日，云南省文化馆、迪庆州文化馆一行人前往德钦县奔子栏镇参加中国民族音乐推广普及迪庆分中心奔子栏示范点授牌仪式及演出活动，为打造各民族特色音乐起到了示范推动作用。云南省文化馆的王丽红副馆长、段海涛老师、曹野默老师、段爱周老师等专家全程指导、帮助。

云南省文化馆中国民族音乐普及推广中心迪庆州分中心挂牌仪式暨“好听云南”——迪庆·世界的香格里拉特色音乐演奏演唱专场惠民演出活动，于 2022 年 6 月在迪庆州举办，突出了香格里拉山花烂漫、景色怡人的初夏之境 。

云南省文化和旅游厅公共文化服务处郭振荣处长宣布活动开始

云南省文化馆把“中国民族音乐普及推广中心”落地迪庆，这是一个难得的机遇，要用好金字招牌，充分挖掘、保护、弘扬、宣传迪庆民族音乐，走出迪庆，助力打造世界的香格里拉品牌，保障民族音乐普及推广和示范点打造持续推进。

迪庆是民族文化浓郁、多元文化共融的文化圣地，计划每年选一至两个示范点来推广锅庄、弦子、阿尺目刮，用 3—5 年不断打造、示范、推广，形成真正的会走路就会跳舞、会说话就会唱歌的世界的香格里拉文化现象。

此次云南省文化馆中国民族音乐普及推广中心迪庆州分中心落户迪庆，是民族音乐普及推广最好的导航。我们一定抓住这块云南省文化馆授予迪庆州文化馆的金字招牌，充分展示迪庆民族音乐的魅力，持续开展民族音乐的挖掘、搜集、整理，让迪庆民族音乐走出迪庆，走向世界，展现真正的诗和远方，助力打造世界的香格里拉！

“好听云南”——迪庆·世界的香格里拉特色音乐演奏演唱专场惠民演出活动组图

以“文化艺术之乡”助推乡村公共文化服务创新发展

◇王文品

推动乡村振兴，文化振兴是灵魂，是重要支点，是活力之源。作为乡村文化振兴重要载体的公共文化服务，扮演着文化普惠的重要角色。长期以来，通过加大财政投入力度，加强公共文化设施建设，以扩大公共文化服务覆盖面为主要目标的农村公共文化基础设施建设取得显著成效，“缺不缺，够不够”的问题总体上得到解决。但供需“结构性”矛盾比较突出，服务效能上的“好不好，精不精”问题越来越凸显。坚持以群众需求为导向，从硬件设施建设转向高质量产品供给，推进公共文化服务高质量发展成为国家实施“十四五”规划时期农村公共文化服务体系建设的核心目标和重要路径。

实施乡村振兴战略不能光看农民口袋里票子有多少，更要看农民精神风貌怎么样。随着时代的进步，农民群众对公共文化服务的需求呈现出多元化、个性化的特点。为此，我们要坚持贴近群众，量体裁衣，不断创新公共文化供给形式，充实公共文化供给内容，满足群众对美好文化生活的向往。

本文主要围绕文化艺术之乡助推乡村公共文化服务创新发展，从艺术文化服务常态化，打造乡村艺术素养大数据体系建设，丰富宣传形式多样化，扩大区域影响力，以点带面形成合力，助力乡村文旅振兴。

一、奔子栏镇文化现状

迪庆民族文化是中华文化的有机组成部分，是云南多民族多元文化的集中、典型的代表。迪庆州既是世界上自然生态多样性最为丰富的地方之一，也是多元文化和谐共存非常集中和典型的地方。

随着迪庆州经济文化的快速发展，迪庆州与外界的交流往来不断扩大，迪庆州文化的独特魅力和绚丽多彩的民族歌舞吸引着外界。在国家越来越重视民族文化的新形势下，如何在保护、传承和发展民间文化的同时，创建富有迪庆州特色的乡村公共文化事业，已成为了必须面对并加以解决的问题。

西部旅游城市的发展经验和事实证明，充分认识民族文化发展的重要性，及时解决制约公共文化事业发展的体制、机制性瓶颈，加快乡村公共文化事业健康发展，对推动文化旅游协调健康发展、提升地区经济社会发展核心竞争力、打造世界级旅游品牌有着四两拨千斤的作用。

奔子栏镇位于云南省迪庆州德钦县境东南部，坐落在白马雪山脚下、金沙江边，与香格里拉市相邻，与四川省得荣县瓦卡镇隔江相望，214 国道穿越而过，是“茶马古道”的必经之路。千百年来，锅庄舞以旺盛的生命力及感染力，流传在迪庆广袤的土地上，奔子栏锅庄以绚丽多姿的民族服饰、完整讲究的民间礼俗，在整个迪庆锅庄舞大家庭中独树一帜。

2006 年，迪庆（奔子栏）锅庄舞被列入国家级非物质文化遗产代表性项目名录。2021 年经文化和旅游部评审，奔子栏镇被命名为 2021—2023 年度“中国民间文化艺术之乡”。2022 年，云南省文化馆在德钦县奔子栏镇授牌“中国民族音乐普及推广中心迪庆州分中心奔子栏锅庄示范点”。这一切为奔子栏镇推动基层公共文化服务高质量发展，以“中国民间文化艺术之乡”为重要抓手，促进文化事业、文化产业和旅游业融合发展，助力乡村振兴起到了关键性作用，具有深远的指导性和引领性。

二、聚焦群众多元需求，丰富公共文化服务内涵

丰富文化内涵，满足多元需求，一要充分挖掘地方特色，培育乡风文化品牌。依托区域内特色文化资源，挖掘保护乡土文化，不断提升乡村文化“软实力”。二要在坚持文化正确方向的前提下，积极培育文化市场主体。拓宽文化服务供应渠道，不断丰富公共文化服务内容。三要加快数字技术应用，推动农村公共文化数字化建设。构建互联互通、资源共享的文化服务网络，创新文化服务形载体，为群众提供多样化体验。

目前，迪庆州在推进乡村公共服务方面做了多方面的积极尝试，受到各界好评。其一，迪庆州文化馆自 2005 年以来在迪庆州推广了 13 套民族广场舞。这些广场舞突出了大众的参与性和全民健身性，充分利用了迪庆州本地原生态的音乐和舞蹈元素，并糅合了现代舞蹈节奏，使之通俗易学，节奏欢快。其二，根据各乡镇文化特色建立非遗传习馆，向社区居民、非遗爱好者、民间艺人传承非遗技艺，展示民族古老的生命记忆和活态基因，使非遗文化走进千家万户。

结合我国多省份和地区以中国民间文化艺术之乡助推乡村公共文化服务创新发展经验来看，当前迪庆正处于创新公共文化服务，解决乡（镇）村公共文化服务最后一公里的关键时期。

通过对农村公共文化服务的研究，此次研究将采用以群众为中心的治理效能评价模式，以服务、输出以及效益为侧重点，将群众对公共文化服务的满意度，作为文化服务效能的评价指标。从文化艺术之乡助推乡村公共文化服务的概念到分类，在探讨迪庆文化艺术助推乡村公共文化服务的创新发展中存在的问题及其推广发展策略的基础上，结合发展现状、趋势，对其推广与创新发展相关问

题提出看法和意见。通过探索新的文化空间，推动乡村公共文化迈上新的台阶，将传承、创新与发展紧密融合，拓展发展范围，提升多样化路径。

此次调研的重点如下：一是政府如何开展主导的“自上而下式”公共文化服务供给模式；二是“文化艺术之乡”如何与公共文化服务促进供需匹配，构建对话通道；三是“文化之乡”如何激发群众文化内生动力及文化自觉意识；四是如何打造“文化艺术之乡”品牌，弘扬优秀民间文化，培塑乡村振兴文化根基，依托地方农业文化遗产资源，将农耕文化融入休闲农业，打造特色农业品牌，通过推动文旅融合，促进群众增收致富和文化可持续发展。

新的时代开启，机遇和挑战并存，机遇大于挑战，困难和希望同在，希望大于困难。党中央、国务院，省委、省政府高度重视藏族聚居区各项事业的发展，不断加大对藏族聚居区各项事业发展的支持力度。云南省在发展文化产业中，提出要打造“香格里拉”“茶马古道”“七彩云南”“聂耳音乐”四大知名品牌，迪庆州与其中的三大品牌紧密相关，拥有得天独厚的环境条件。通过多年的努力，迪庆州在民族文化的挖掘、弘扬、保护、传承等方面取得了良好的成绩：文化兴州作为发展思路日渐深入人心；旅游和文化的结合日趋紧密……我们要树立强烈的机遇意识、发展意识，开阔发展思路，拓宽发展途径。

第三部分

专题报道

开展县级文化馆总分馆制建设调研及业务指导工作

2020 年 3 月 17 日至 4 月 3 日，在迪庆州文化和旅游局安排部署下，局党委委员、公共服务科科长李凡同志一行人来到迪庆州德钦县、维西县、香格里拉市，对公共文化服务领域疫情防控复工复业及县级文化馆图书馆总分馆制建设基层综合性文化服务中心建设工作推进落实情况进行调研。迪庆州文化馆、图书馆工作人员随同调研。

在尼西乡文化站调研

到德钦县文化馆调研

到叶枝镇文化站调研

召开维西县调研反馈会

调研组一行先后深入德钦县奔子栏镇文化站、升平镇文化站、佛山乡文化站，维西县巴迪乡文化站、叶枝镇文化站、白济汛乡文化站，香格里拉市尼西乡文化站、上江乡文化站、东旺乡文化站等全州 29 个乡镇进行走访核查。在调研过程中，李凡同志与乡镇文化干事亲切交流，详细了解了各县（市）文化馆、图书馆及乡（镇）文化站、基层综合性文化服务中心、文化活动场所疫情防控复工复业，县级文化馆、图书馆总分馆制建设工作开展，文化馆、图书馆数字化建设前期工作开展，文化馆农村业余文艺演出队组建等方面的情况。

调研结束后，分别在德钦县、维西县、香格里拉市文化和旅游局召开调研反馈会。在调研反馈会上，李凡同志充分肯定了德钦县图书馆、文化馆在总分馆制建设工作中做出的努力，强调各县（市）图书馆、文化馆要提高政治站位，统一思想行动，以县为基本单位，以乡村为重点，以统筹发展、提高效能、促进均等为原则，推动具备条件的地方因地制宜推进县级文化馆、图书馆总分馆制建设，发挥县级总馆在县域公共文化建设中的中枢作用，通过分馆把优质公共文化服务延伸到基层农村，增加公共文化产品和服务供给，为更好地满足广大群众基本文化需求创造良好条件，提供有力保障。同时认真对照总分馆制建设指出的问题和自查自纠查找的问题，抓紧抓好整改落实，持续巩固提高，确保在6月以前，所有问题清零，确保迎接文化馆、图书馆总分馆制建设验收圆满成功，为推进乡村振兴战略实施打下坚实文化基础。

到维西县文化馆调研

此次会议提出以下要求：（1）疫情防控工作。文化馆、站等公共文化场所要派专人保持定期消毒，同时消毒粉（液）的使用要适当，室内保持通风。（2）各文化馆、站等要形成疫情防控工作应急预案。（3）县（市）图书馆、文化馆应与各乡镇图书馆、文化馆分馆加强沟通，认真抓好总分馆制建设、行政村服务点建设工作的落实。（4）数字平台建设。线上数字资源的建设要注重收集开展文化活动的图文资料、形成档案材料。（5）文旅融合发展，迪庆州内有藏族、傈僳族、纳西族等少数民族，民族文化底蕴深厚，要注重发掘优秀传统民族文化。

考察塔城镇文化站

推进以县级文化馆、图书馆为中心的总分馆制建设，是构建现代公共文化服务体系的重要任务，对于有效整合公共文化资源、提高公共文化服务效能、促进优质资源向基层倾斜和延伸具有重要的推动作用。要发挥县级人民政府在总分馆制建设规划、组织和推进方面的统筹作用，优化县域公共文化资源配置，完善配套措施，鼓励社会参与，确保有序推进。围绕建、管、用等关键环节，创新管理体制和运行机制，实现文化资源在县域内联动共享，做到物尽其用、人尽其才，发挥整体优势，提升综合效益，强化基层，促进均等。以乡村两级为重点，以需求为导向，促进公共文化资源向基层特别是农村倾斜，增加基层公共文化资源总量，保障城乡群众普遍、均等地享有基本公共文化服务。

考察香格里拉市文化馆

致力于繁荣和发展迪庆社会文化事业

◇王文品

迪庆州文化馆位于香格里拉城区中心地段，公共设施空间设有观演厅、展览厅、老年活动房、少儿活动室、棋牌室、排练厅、美术教室、书法教室、摄影教室、音乐教室、舞蹈教室、计算机网络教室、电子阅览室、多功能教室。内部机构设置有办公室、财务室、舞蹈工作部、音乐工作部、调研工作部、信息技术工作部、书美影工作部等。

傈僳族舞蹈“阿尺目刮”

迪庆州文化馆建于1976年，为国家一级文化馆，多次得到上级政府部门的肯定和表彰，随着社会文化事业建设的不断发展，近年来，迪庆州文化馆本着“构建社会和谐稳定发展”的战略目标，免费对外开放，本着“以政治的高度思考文化、从经济的角度建设文化、从发展的角度建设文化”的宗旨，坚持发展先进文化事业，不断壮大文艺队伍，丰富和活跃群众文化生活、加大力度建设推进全州范围内的文化设施建设，为迪庆州社会文化事业发展作出了巨大贡献。

近年来，迪庆州文化馆文艺创作繁荣发展，为社会以及人民贡献了一份份宝贵的精神财富，为群众性文化活动的建设夯实了基础。

不断创新广场舞教学。文化馆工作人员想群众所想，贴近生活实际，创作了一套又一套群众喜闻乐见的广场舞健身操，不仅融合了民族文化，还从群众切身实际出发，舞蹈优美而独具特色，让群众在茶余饭后有了娱乐消遣的健康生活，丰富和活跃了群众的日常生活，推动了迪庆州群众文化生活的进步。

助力扶贫攻坚工作。维西县维登乡妥洛村是州文化馆脱贫帮扶挂钩点。为认真贯彻落实党中央、省、州、县关于扶贫工作的相关会议和文件精神，积极响应习近平总书记提出的“决战三年，摆脱贫困的号召”，按照州委、州政府的统一部署，迪庆州文化馆驻村工作人员，积极开展维西县维登乡妥洛村的扶贫工作，深入进行实地走访调研，向村民捐赠书籍、桌椅、板凳、衣服等物资，写对联赠予村民。在文化扶贫上精准发力，将党的十九大精神与精准扶贫工作有机结合，不仅向贫困户提供经济扶贫，还提供文化扶贫，从文化层面解决贫困群众的思想观念问题，使扶贫户在经济上脱贫致富的同时提升理想信念，最终实现困难群众物质文明与精神文明的同步提高。

为群众送对联组图

一直以来，迪庆州文化馆积极开展文化惠民系列活动。文化惠民是党和政府近几年亲民政策、爱民政策的体现，也是“执政为民”的理念在文化上的具体反映。一直以来，迪庆州文化馆认真落实文化惠民政策，在全州各地相继开展了大量文化惠民系列活动，在歌声中绽放老百姓光彩、在舞蹈中拉近与群众的距离，得到了群众的一致好评，也得到了群众的认可。

迪庆州文化馆全体工作人员用激情、用年华奉献着，用文化艺术展示着风采与魅力。

让我们深入香格里拉，感受这里最淳朴的风土人情

◇王文品

你看过虎跳峡的惊心动魄，见识了梅里雪山的神圣与白雪皑皑，目睹了碧塔海的水天相接，是时候深入香格里拉，感受这里最淳朴的风土人情了。“香格里拉”源于藏语中的“香巴拉”，当地人认为人们会被“末劫”世界的战争、疾病、贪婪、仇恨所困扰，而香格里拉是人间最后一片净土，名叫“香巴拉”。这是一个充满神秘、令人向往的地方，这里远离战乱，没有名利的追逐，没有烦恼和痛苦，自然万物与人和谐共处，人们生活在安宁祥和之中。

一、赛马会

赛马会是藏族传统节日，流行于藏族聚居区，原为藏族烟祭(西桑)节。清雍正二年(1724年)，中甸(今香格里拉市)归属云南后，派绿营兵驻守，清军在山脚建立演武厅，每逢五月初六在山脚演武、跑马、射箭，久之与端午节合而为一。每逢节日，本地群众都要到五凤山脚游玩、赛马、跳锅庄、摔跤、拔河。后来，城区境内都过此节。初五到百鸡寺、龙咱仙人洞游玩，举行马术表演、摔跤等活动，初六集中到五凤山脚野炊、赛马、跳锅庄。1990年，香格里拉市人民政府正式确定五月赛马会为地方性传统节日。其间，会举行文艺会演、民歌大赛、民族服装展览、物资交流会等活动。

二、达瓦洛色

达瓦洛色是藏族传统节日。也称箭友节。每逢农历二月，迪庆部分地区藏族男性，会利用农闲时间举行射箭比赛活动，用时两三天。节日期间，全村男性会聚在一起饮酒、唱歌、跳舞。

三、弦子舞

弦子舞是藏族生活中不可缺少的一种自娱性歌舞。每逢佳节、喜事和重大集会，人们便欢聚一堂，男拉弦，女舞长袖，各排一半围成圆圈，翩翩起舞，所以弦子舞又称圆圈舞。

四、卡瓦格博朝圣

绕着神山步行朝圣，是藏族表达虔诚的一种方式。自 1268 年至今，藏传佛教信徒围绕卡瓦格博神山的转经活动，已持续近一千年了。这条至少有数百万人次走过的转经路现今仍处于生状态。七百多年的沧桑足迹，赋予了这条路无尽的神圣与庄严，走过高山与流水，走过五彩的经幡，走出了本性之善良，走出了心灵那一份虔诚和纯真。

五、磕长头

磕长头是信仰藏传佛教的藏族最高的礼拜方式。每次磕拜合十、屈身、跪膝、双手平伸、全身伏地，再起身走上几步，又俯身下跪，如此不停地继续下去。

六、傈僳族同心酒

同心酒，傈僳语叫“知伴多”“双杯打”。喝同心酒是傈僳族最有特色的传统酒文化之一，也是傈僳族待客的最高礼节，具有独特性、历史性、利益性和全民性，参与性与娱乐性极高，是傈僳族热情、豪放的民族性格的体现。

七、阔时节

“阔时”是傈僳语的译音，“岁首”之意。阔时节是傈僳族最隆重的传统节日。以前，傈僳族过节的日子以对物候的观察来决定，各村寨过节的时间各不相同，一般在农历十二月初五到第二年正月初十这段时间内，前后约有一个月。这期间正是樱桃花开的季节，所以每年樱桃花开时就是傈僳族过年的日子。

八、二月八

纳西族在每年的农历二月初八会相聚在白水台欢度纳西族传统节日“二月八”，四面八方的各族群众在白水台台地上跳舞、对歌、祭拜白水泉。大家席地围坐，亲友们互相问候、开怀畅饮。饭后，人们围成一圈，在悠扬的芦笙声和欢快的锣鼓声中翩翩起舞。

加班加点全力以赴开展全国第五次文化馆评估定级工作

◇王文品

为进一步规范迪庆州文化馆建设、管理和服务，促进文化馆事业发展，更好地发挥迪庆州文化馆在公共文化服务体系建设中的重要作用，切实开展好全国第五次文化馆评估定级工作，迪庆州文化馆举全馆之力切实发挥区域中心馆职能职责，自2020年9月30日启动以来，近一个月时间加班加点，全体干部职工对评估定级相关资料进行整理及开展“第五次全国文化馆评估定级服务满意度评价调查问卷”网络调查，得到了广大人民群众的高度认可和支持。

迪庆州文化馆全体工作人员抓紧时间，整理收集相关资料，抓紧时间将相关考评准备资料第一时间上传到网上；对整理好的资料不足之处第一时间整改；文化馆所有人员对此次“评估定级”高度重视，兢兢业业加班加点充分做好州文化馆评估定级资料收集、整理上传、认定等准备工作，力争在最后要求时间 11 月 15 日之前全面完成，确保迪庆州文化馆评估定级达标一级馆顺利通过。

迪庆州文化馆全体职工全力以赴开展全国第五次文化馆评估定级工作

北京舞蹈学院民族舞蹈传承人到迪庆州文化馆调研、交流

高度先生是北京舞蹈学院中国民族民间舞系系主任、教授、研究生导师，曾在《北京舞蹈学院学报》等刊物上发表《当代民间舞教育批判》《关于开设“中国民间舞动作分析课”的设想》《中国民族民间舞蹈职业化架构》等学术论文数十篇。曾担任《中国民族民间舞教材与教法》副主编，荣获国家教委颁发的高等教育教学成果二等奖等。

北京舞蹈学院中国民族民间舞系系主任、教授、研究生导师高度先生

此次调研运用文化人类学民族志的研究方法、影视人类学的技术视角，全面记录民族舞蹈传承人的从艺历程、生存情境、艺术经验与贡献、舞蹈动态、风格、仪式法则、知识体系等。

在舞蹈的拍摄上，以文化整体观的视角，对民族舞蹈传承人的日常、仪式、舞蹈进行全方位的记录和研究。

通过对“活态舞蹈人”的记录，以点带面，推进对中国民族舞蹈文化的学术研究和保护运用，使此次调研的极具地域特色种类与审美文化价值的传统民间舞蹈形式得到有效性挖掘与保护。此次调研得到了迪庆州文化馆的鼎力相助。

民族歌舞调研现场组图

迪庆州群众文化工作者交流互动，共话迪庆州文旅融合发展新篇章

◇王文品

2020 年 11 月 23 日至 26 日，迪庆州文化馆 2020 年度全州文化馆（站）业务骨干培训暨“彩云之南等你来·世界的香格里拉欢迎您”夜间群众文艺演出活动培训班在迪庆香格里拉经济开发区顺利举办。来自全州各县（市）文化馆、乡镇分管领导、文化站业务人员以及各乡镇村级群众文化工作优秀代表、群众文艺骨干和州文化馆馆办艺术团队骨干 100 余人参加此次培训。

迪庆州文化馆 2020 年度全州文化馆（站）业务骨干培训暨“彩云之南等你来·世界的香格里拉欢迎您”夜间群众文艺演出活动培训组图

此次培训由迪庆州文化和旅游局主办，迪庆州文化馆承办，旨在促进全州公共文化服务体系建设，提升服务水平和服务效能，拓宽基层文化活动渠道，构建科学标准的业务体系，共享全州群众文化优质资源，适应文化和旅游融合发展新形式，创新服务方式，持续提升文化馆站服务效能和社会效益，

加快全州文化馆区域中心馆以及总分馆制建设，提高公共数字服务平台的应用推广和服务能力体系建设。

参观体验乡村特色文化组图

此次培训将为全州文化工作与人才队伍搭建沟通交流平台，探讨完善全州群众文化工作运行管理各项制度，助力全州数字文化工作与总分馆等工作协同推进。

迪庆州文化和旅游局党委委员、副局长李凡同志表示，在现阶段疫情防控常态化的新形势下，公共文化活动线上线下互动的步伐在逐渐加快，这一发展趋势对全州公共文化数字资源建设、公共文化服务和管理水平将是全新的考验。同时，李副局长传达了党的十九届五中全会和中央第七次西藏工作座谈会精神，要求全州文旅系统广大党员干部要切实把思想和行动统一到党中央的决策部署上来，统一到习近平总书记的重要讲话精神上来，增强责任感、使命感和紧迫感。

此次培训课程理论课授课专家有云南省文化馆正高二级研究馆员殷海涛，云南艺术学院舞蹈编导专业负责人、副教授、硕士研究生导师、院级名师但丽鹏，公共管理硕士、云南省文化馆数字文化中心高级经济师王凡等省级高水平专家。

本次培训为期6天，主要围绕基层公共文化服务，如民族民间文化的搜集、整理及其应用，大型群众文化活动创作，云南省州、县（市）级文化馆总分馆制验收标准解析等内容展开，着力提升学员在新时代的技术背景下，以数字化手段推进各项公共文化业务的能力。组织开展了“彩云之南等你来·世界的香格里拉欢迎您”夜间群众文艺演出活动培训。

同时组织学员实地参观体验乡村特色文化、学习企业精神、考察交流学习丽江市古城区文化馆及数字化建设、参观丽江市玉龙纳西族自治县石鼓镇红色旅游文化品牌打造及乡村文艺团队建设等。每节课、每一处的体验、每一个活动的安排，都提前做足了功课、精心设计，取得了较好的教学成果，使得每一位参训学员收获多多，深受启发。这些点点滴滴的收获，都将对参训学员今后的工作产生深远的影响，为迪庆州的公共文化服务体系建设添砖加瓦。

在培训班结业典礼上，学员代表积极发言。最后，迪庆州文化馆党支部书记、馆长王文品同志作会议总结，要求全州群众文化工作者要以习近平新时代中国特色社会主义思想为指导，全面贯彻落实十九届五中全会精神，增强“四个意识”、坚定“四个自信”、做到“两个维护”，努力推进全州各县（市）文化馆、乡镇文化站以及乡村群众文化活动和业余演出队伍建设等工作做得更好！

学员代表发言组图

培训班结业典礼组图

第五次全国文化馆评估定级、区域中心馆及总分馆制建设实地抽查评估验收工作组到迪庆州文化馆检查工作

◇王文品

第五次全国文化馆评估定级、区域中心馆及总分馆制建设实地抽查评估验收工作组在云南省文化馆郭维平馆长的带领下，于 2020 年 12 月 11 日开始对迪庆州文化馆、德钦县文化馆、香格里拉市文化馆、奔子栏镇文化站开展检查评估工作，在迪庆州文化和旅游局的安排部署下，做好台账资料以及汇报材料准备工作，安排好实地查看点。

云南省文化馆到奔子栏镇文化站检查评估定级工作

云南省文化馆到迪庆州文化馆检查评估定级工作组图

全民艺术普及锅庄舞

◇王文品

一、拖顶傈僳族乡大村傈僳族锅庄

拖顶乡的大村是一个美丽神奇的村落，坐落在德钦、香格里拉和维西三县的交界处，是云南省德钦县境内典型的傈僳族村落。

锅庄舞在藏语中称为卓，当地人称为才拉，是一种无乐器伴奏的舞蹈，也是藏族古老的民族歌舞之一。傈僳族大村锅庄舞是一种群众性、自娱性的歌舞。大村是迪庆州茶马古道的一部分，历史上做生意的马帮、商人都会经过此地，锅庄“阿木喜铃铃”把马的铃声谱成美妙的曲调，专门歌颂来往的马帮。如今这个村子的傈僳族村民跳起锅庄舞、弦子舞不亚于周边的藏族村民，平时讲的是本民族的傈僳语，但所跳锅庄都以藏族的曲调和歌词来表达，是民族团结的典范。

二、建塘锅庄

俗话说天上有多少颗星，卓就有多少调；山上有多少棵树，卓就有多少词；牦牛身上有多少毛，卓就有多少舞姿。这便是人们对内容丰富的锅庄舞的赞誉。

锅庄舞是一种无伴奏的集体舞，有的地方称锅庄舞为卓，有的地方称为擦拉。锅庄舞历史悠久，可以追溯到7世纪之前。锅庄舞是随着建塘藏族生产生活的发展变化而产生变化的，因此，建塘锅庄舞有“打青稞”“撵羊毛”“喂牲口”“酿酒”等劳动歌舞，也有颂扬英雄的歌舞，还有表现迪庆藏族风俗习惯、男婚女嫁、新屋落成、迎宾待客的歌舞。锅庄舞其实是一种欢乐的舞蹈，所以凡是遇到喜庆佳节，人们就会不分老幼的欢跳，特别是迁居新房、结婚、办喜事、春节，端午节，男女老幼都要跳个通宵。

锅庄舞有“擦尼”和“擦丝”之分，锅庄舞的歌词有一套比较严谨的排比和比对的规律，唱词规律是唱天必唱日、唱月、唱心，唱人必唱地、智者，唱地方必唱北京、拉萨和家乡。“擦丝”的歌词采用这种固定的格式，但也可以灵活地即兴编唱，任意发挥，迪庆锅庄舞有许多舞蹈名称利用曲牌和词牌，如半步舞、八步舞、猴子舞、孔雀舞、牧羊曲等。在迪庆擦尼舞中，它既是舞蹈名称，又是曲牌和歌词的词牌，若领舞者唱起了孔雀舞的曲调，歌伴舞也只能跳孔雀舞的舞蹈，唱孔雀舞的传统歌词。锅庄舞的舞步分为“郭卓”(走舞)、“枯卓”(转舞)两大类。“郭卓”的步伐是单向的朝左方起步，左右两脚共举七步为一节，这样轮回起动，由慢转快，步数不变，舞步较为简单，参跳人易学，故跳此舞的人数较为众多。

建塘锅庄的种类较多。常跳的有二步半舞、六步舞、八步舞、六步舞加拍、八步舞加拍，猴子舞等。年轻人比较爱跳“擦丝”，舞时一般男女分列，左手搭肩成圆圈状，人数不限，顺时针转动，上身前俯，颤膝幅度较大，踏跺动作较多，脚跟击地或者击靴，男子两跨向左右晃动，手指随身体而摆动，女舞者左臂扶腰或拉手，右臂随动作的前后，手随着动作的前后摆动，有顺圈走步、压脚跟、猴子对脚、三步一翻身、三脚一勾、孔雀吸水、山兔蹦跳等十多套动作，边唱边跳，多为问答对唱的比赛形式。在传统式的对歌比赛当中，谁的传统歌词掌握得比较全面，谁就能取胜；在即兴回答比赛中，谁的想象力丰富，思维敏捷，胜利就属于谁。迪庆州各地的锅庄舞因为地域不同而各具特色，建塘锅庄是最为代表性的一种。

三、燕门礼宾舞

谷扎村民族文化历史悠久，尼通礼宾舞在藏语中称为仁侥，发源于19世纪中叶，多用于迎接贵宾。由于尼通是茶马古道的重要驿站，名门显贵途经，常住此地较为频繁，“仁侥”逐渐演变成迎接贵宾的专门舞曲。目前，传统舞曲共有18段，歌词生动有趣。如今的谷扎村已经构建起全村男女老少参与的文化活动平台，一些传统的节日相继恢复，村民白天做活，晚上到村头唱歌、跳舞，享受着民族团结、和睦共生的美好、愉悦、感恩、知足、安祥。通过全体村民不懈创新，进入新时期，尼通礼宾舞以其独有的民族特色于2016年列入“国家舞蹈博物馆名录”。《尼通礼宾舞》先后获得了云南省第十届民族歌舞乐传承奖、优秀奖，迪庆州旅游文化周二等奖，迪庆州首届民族歌舞乐展演一等奖，并参加了2014年康巴卫视主办的迪庆藏历新年晚会。2017年，在迪庆香格里拉民族团结文化艺术周活动中，来自谷扎村的尼通礼宾舞者以古老、充满韵味的舞蹈动作，浑厚悠远的吟唱方式，赢得高度赞赏。

四、尼西情舞

尼西情舞在尼西藏语中称为擦羌，是尼西藏族民间舞蹈中沟通情意、恋爱相会的舞蹈之一。尼西乡位于香格里拉市的西北部，居住的主要是藏族，这里是尼西情舞的主要产地之一，造就了尼西情舞这一国家级非物质文化遗产项目。尼西情舞具有独特的舞蹈韵律及奇异的音乐风格，保存了尼西藏族古歌古舞的神韵，为尼西所独有。自古以来，尼西情舞成为了人们生活中的一个重要组成部分。每逢过年过节，婚嫁志喜、恭迎恭送佳客，当地百姓就会穿起鲜艳的藏族服装，唱情歌、跳情舞。尼西情舞以它热情、雄健、奔放的特色原汁原味地展示了藏族生性豪迈、珍爱生命、热爱生活的个性，与藏族生产生活的自然环境交相辉映，成为藏族传统文化中的活化石。

五、筛巴学勒

筛巴学勒又称为“东方踏歌”，流传在筛巴地域，是颇具地方特色的一个代表性舞蹈，是无乐器伴奏的一种集体舞，舞蹈的寓意是唱出万物生灵再相聚，祈祷万物生灵和平共处的愿望，肢体动作是模仿动物的尾巴和脚上的踢踏动作，融合了藏族舞蹈中的许多元素。筛巴学勒歌词内容丰富，结构不规则，歌曲节拍不规律，动作欢快奔放，队形变化较为丰富。男子腿部动作较为复杂，有端腿抬脚小跳，以跳跃式的方式来跳，手势是顺脚顺手，左手左脚，右手右脚，女子主要是各方位的甩袖、抛袖、举袖、扫袖、拍袖。筛巴学勒以舞步和歌词为主，以表演形式为辅，是独具地方特色，表达个人思想感情的一种舞蹈。

六、东旺锅庄

东旺锅庄流传于香格里拉市东旺乡，是一种无器乐伴奏的集体舞蹈。在室内，人们会围绕“中柱”起舞。在室外，人们则会围圈起舞。传统的东旺锅庄分为三种：第一种在藏语中称为却卓。第二种在藏语中称为荣卓，是指传统的古典锅庄舞，具有一套比较严格的歌舞流程。第三种在藏语中称为卡归，是在传统锅庄舞的基础上发展起来的通俗锅庄舞，主要是为了适应现代的生活节奏和行为习惯。其形式比较活泼，对歌舞形成没有严格要求。东旺锅庄唱词有“低吟浅唱，娓娓叙来”的风格，而舞姿则庄重、稳健，一招一式都显得古朴典雅。东旺锅庄舞还对其他流行于香格里拉市的歌舞形式产生过广泛的影响。

七、格咱锅庄

格咱锅庄艺术不同于其他，以那格拉村为例，主要是由舞步统领和舞词统领，舞步注重章法，沉稳有力、雄健舒展、古朴洒脱，词以歌颂贵人及父母、赞美自然风光以及家乡风情为主，同时也歌唱当地群众的生活和劳作。

八、小中甸锅庄

小中甸把锅庄果卓称为“擦拉”，意为欢乐、玩耍。“锅”是圆圈，“庄”是舞蹈或歌舞之意，“锅庄”是圈成圆圈跳的一种无伴奏集体舞蹈。小中甸锅庄分古、新两种：“擦尼”是古锅庄，歌词内容、舞步形式都较古老，只能跳专门的动作和唱专用歌词，多为老年人喜爱；“擦司”意为新舞，即随着不同时代而新编的歌舞。小中甸锅庄被视为是历史最悠久、最具传统性的歌舞之一，分为“郭卓”（走舞）、“枯卓”（转舞）和“帕卓”（跳跃舞）三大类，有悠滑步、双甩手、跺脚步、斜托手、搭肩步、拉手舞步等十多种基本步法和动作。

2021 年度“彩云之南等你来·世界的香格里拉欢迎您”夜间文艺演出活动持续开展

◇王文品

为喜迎中国共产党成立 100 周年，庆祝五一国际劳动节、五四青年节以及文化旅游周，丰富群众文化生活，由迪庆州文化和旅游局主办，迪庆州文化馆承办的 2021 年度“彩云之南等你来·世界的香格里拉欢迎您”夜间文艺演出活动持续在香格里拉市独克宗古城月光广场开展。

“彩云之南等你来·世界的香格里拉欢迎您”夜间文艺演出活动

篝火晚会现场（1）

夜幕降临，华灯初上，燃起的火焰成为晚会的开场白，晚会现场有来自州内的文旅演职人员、嘉宾、记者、游客以及当地的群众。晚会在迪庆州文化馆全体工作人员和馆办艺术团的带领下，形式独特、乐声悠扬、舞姿飒爽。

篝火晚会现场（2）

迪庆州文化馆至今已举办110多场“彩云之南等你来·世界的香格里拉欢迎您”夜间文艺演出活动，引起了广大市民、游客的极大兴趣，极大地丰富了群众文化生活，对推动全州精神文明建设起到了积极的作用。

迪庆州文化馆携手佳能举办“摄影大篷车”讲座活动

◇王文品

2021 年 5 月 16 日下午，佳能（中国）有限公司主办，迪庆州文化馆、迪庆州摄影家协会等承办的 2021 年度佳能“摄影大篷车”摄影讲座活动在迪庆州文化馆一楼举办。

此次活动邀请了著名摄影师贝蓝品作为主讲嘉宾，带来一场干货满满的摄影知识讲座，深受广大摄影师的欢迎。同时还带来各种专业器材实操以及人像棚拍创作，让广大摄影爱好者零距离体验。

“摄影大篷车”摄影讲座活动

现场摄影

此次活动为迪庆广大摄影爱好者送上了一道摄影文化的“饕餮盛宴”，在活跃迪庆州摄影文化生活、提升摄影爱好者创作水平的同时，也吸引了更多的摄影爱好者拿起相机，记录生活，宣传大美迪庆。

迪庆州文化和旅游局、迪庆州文化馆庆祝中国共产党成立100周年“感党恩、听党话、跟党走”群众文化系列活动“云岭颂歌献给党”合唱展演活动

◇王文品

2021年5月19日上午，云南省文化和旅游厅、云南省文明办、中共迪庆州委、迪庆州人民政府联合举办的2021年“中国旅游日”活动云南分会场在香格里拉市独克宗古城月光广场启动。来自省、州、县有关单位、各行业部门的干部职工以及百余名市民群众畅享了一场文化旅游宣传盛宴。

2021中国旅游日云南分会场“绿色发展·美好生活”　　“云岭颂歌献给党”合唱展演活动现场

当日下午，迪庆州文化和旅游局主办，迪庆州文化馆承办的庆祝中国共产党成立100周年“感党恩、听党话、跟党走”群众文化系列活动“云岭颂歌献给党”合唱展演活动火热开展。

伴随着雄壮的歌声《没有共产党就没有新中国》“云岭颂歌献给党”合唱展演在月光广场进行。香格里拉市、维西县、德钦县文化和旅游局支部合唱团，迪庆州文博支部合唱团，迪庆州旅游集团支部合唱团，迪庆州文化馆支部俏夕阳艺术团和雍恰硕艺术团共七支合唱团，统一着装，精神饱满，进场整齐有序。

活动中，台上的演员们热情洋溢，声音洪亮，富有激情，用嘹亮的歌声歌颂党和祖国，歌颂新时代，台下观众掌声不断。

“云岭颂歌献给党”合唱展演活动现场组图

“彩云之南等你来·世界的香格里拉欢迎您”夜间文艺演出篝火晚会

当晚8：30到9：30，在迪庆州文化馆工作人员的带领下，大家齐聚月光广场，参加“彩云之南等你来·世界的香格里拉欢迎您”夜间文艺演出篝火晚会。在欢快、激昂的歌舞中，“中国旅游日”系列活动落下帷幕。

迪庆州文化馆支持举办的上江乡木高村第五届“鸡鸣四县（市）”村村联建活动圆满结束

◇王文品

2021年6月23日，迪庆州文化馆支持举办，上江乡党委政府主办，木高村委会承办的第五届“鸡鸣四县（市）”村村联建活动有序开展。参加此次联建活动的有4个县（市）8个乡25个村。

文艺演出现场组图（1）

上午，各联建村为大家精心准备了合唱、歌舞节目及非遗展演，吸引了众多群众驻足观看。演出期间还安排了关于中国共产党成立 100 周年的党史教育等有关知识的有奖竞答。下午，迪庆州文化馆的老师进行了广场舞培训，并举行了篝火晚会，现场热闹非凡。

文艺演出现场组图（2）

篝火晚会现场组图

此次活动展示了木高村健康向上的精神面貌，丰富了人民群众文化生活，推动了文化惠民工作更好地开展，加强了各村群众文化交流，营造了文明和谐、民族团结、喜庆祥和的氛围。

颁奖仪式组图

金江镇车轴村举办第32届“苗族花山会”

◇王文品

为庆祝中国共产党成立100周年，丰富人民群众的精神文化生活，不断加强“感党恩、听党话、跟党走”的坚定信念，2021年6月26日，迪庆州文化馆指导、车轴村委会承办的金江镇第32届“苗族花山会”在车轴村委会隆重举行。

金江镇车轴村第32届“苗族花山会”活动现场

金江镇车轴村第 32 届“苗族花山会”活动现场组图

“苗族花山会”在车轴村已有二十多年的历史，是苗族男女老少欢歌乐舞庆祝民族节日的活动。2021 年 6 月 26 日，苗家儿女身着盛装，载歌载舞，欢度佳节，精彩的演出节目把节日的气氛推向高潮。八方宾客欢聚一堂共庆佳节、共享欢乐，充分展现了各族群众唇齿相依、血脉相连的和谐盛景，充分展示了车轴村的精神文明建设和群众文化活动的美好画卷。

庆祝中国共产党成立100周年“绿水青山 美好生活”小幅油画写生作品展览在迪庆州文化馆开展

◇王文品

在庆祝中国共产党成立100周年之际，迪庆州文化馆与策展人尼桂林、丁兆斌等美术创作者，历时半年，合作创作出讴歌新时代、展示香格里拉人文风情、大众喜爱的作品163幅。这些作品充分体现了创作者满怀深情，对党的热爱和永远跟党走的情怀。

2021年6月28日，由迪庆州文化和旅游局主办、迪庆州文化馆承办的庆祝中国共产党成立100

庆祝中国共产党成立100周年“绿水青山 美好生活”小幅油画写生作品展开展仪式

周年系列活动“绿水青山 美好生活”小幅油画写生作品展在迪庆州文化馆一楼展厅开展。迪庆州文化和旅游局副局长马彩花、迪庆州文化馆全体干部职工、香格里拉市教体局代表、俏夕阳艺术团代表、雍恰硕艺术团代表、迪庆州书美影协会代表以及群众代表出席了此次活动。

本次展览作品有中央美术学院的于明老师、中国美术学院的来源老师、浙江省油画院专职画家孔凡博老师等十余名画家的作品，多以迪庆州的山川河流等自然美景为创作写生素材。

此次活动的举办推动了迪庆州群众文化事业的发展。今后迪庆州文化馆将陆续推出形式多样的展览活动，不断推进公共文化对群众免费开放的力度。

“绿水青山 美好生活”小幅油画写生作品展览现场组图

尼桂林作品《康巴人》

卓玛拉初作品《藏靴》

杨金河作品《菊花》

张垒作品《古城雪景》

丁兆斌作品《老家》

迪庆州文化馆联合举办“乡村振兴·一路同行”——“十里春风化乡情 百年光辉耀新梦”2021年全省“乡村村晚”示范展示活动

◇王文品

“乡村村晚”示范展示活动现场

为庆祝中国共产党成立100周年，深入学习贯彻习近平新时代中国特色社会主义思想和“七一”重要讲话精神，推进乡村振兴，展现香格里拉市优秀民族文化，丰富和活跃群众的精神文化生活，2021年7月31日下午，云南省文化馆、迪庆州文化和旅游局、迪庆州文化馆主办，香格里拉市文化和旅游局、香格里拉市文化馆承办的迪庆州第二场“乡村振兴·一路同行”——“十里春风化乡

情 百年光辉耀新梦”2021 年全省“乡村村晚”示范展示活动在香格里拉市虎跳峡镇桥头村举办。迪庆州文化馆、香格里拉市文化馆联合虎跳峡镇文化站、桥头村委会联合开展此次活动。当地群众积极参与其中。

“乡村村晚”示范展示活动现场组图

在云南省文化馆和迪庆州文化和旅游局的关心、支持下，在迪庆州文化馆和香格里拉市文化馆的精心组织安排下，具有红色基因、民族特色的优秀歌舞，如《再唱山歌给党听》《玉龙酒歌》《美丽的康巴姑娘》《海拔 3000 米》等精彩纷呈，深受群众欢迎的节目一一呈现在观众面前。

活动在合唱歌曲《FLY》中拉开帷幕，村民用歌舞的方式，把建党 100 年来生产生活中发生的翻天覆地的变化表现出来，歌颂了中国共产党的伟大，表明了群众永远跟党走的坚定信心。

云南省文史研究馆送文化进基层调研工作笔会活动在迪庆州文化馆举办

◇王文品

为加强云南省文史研究馆与迪庆州的文化交流和传播，让艺术创作更加贴近生活，反映时代气息，讴歌时代新貌，增进文化繁荣，在云南省文史研究馆的推动下，在迪庆州委、州人民政府的重视下，2021 年 10 月 15 日，云南省文史研究馆党组书记、馆长杨铭书同志带队，云南省文史研究馆馆员、云南书画院研究员一行 20 人赴迪庆州开展文化进基层调研活动。

进红军学堂开展文化进基层调研活动合影

调研组一行在迪庆州文化和旅游局、迪庆州文化馆的采点人员陪同下，调研了迪庆州内具有民族特色的风情风貌、风土人情，如金江红色教育基地、上江红色教育基地、仕旺彩色稻田、塔城滇金丝猴国家公园以及热巴传习馆、全国重点文物保护单位叶枝土司衙署以及罗锦辉摄影展览馆、梅里雪山、巴拉格宗等调研点。

进红军学堂开展文化进基层调研活动现场组图

送文化进基层书画笔会创作活动启动仪式组图

10月20日下午，调研组在迪庆州文化馆举办了送文化进基层书画笔会创作活动。

首先由迪庆州文化和旅游局党委书记、局长高翔同志主持笔会活动并介绍迪庆州出席活动的各级领导。

迪庆州文化和旅游局党委书记、局长高翔同志主持笔会活动

云南省书画院副院长（主持工作）沈健同志介绍调研下基层的各位书画名家

迪庆州人民政府副州长李清培同志致辞

云南省文史研究馆党组书记、馆长杨铭书同志讲话，并宣布笔会开始

在笔会交流创作当中，馆员5人，研究员9人共创作书法作品19幅，绘画作品11幅，共计30幅作品。

创作现场组图（1）

创作现场组图（2）

云南省文史研究馆馆员、著名书法家赵浩如先生挥毫创作了《梅里雪山赋》《世界的香格里拉》《迪庆州文化馆》《噶丹松赞林寺》《巴拉格宗大峡谷》等7幅书法作品，著名花鸟画家王森祥先生创作了《一鸣山更幽》，著名花鸟画家孙建东先生创作了《藏原风情》，著名书法篆刻家尹宝元先生创作了《德艺双馨》《梅里雪山》等5幅作品，著名书法家孙源先生创作了《人间仙境》《百花齐放》等4幅作品。

创作成果展示

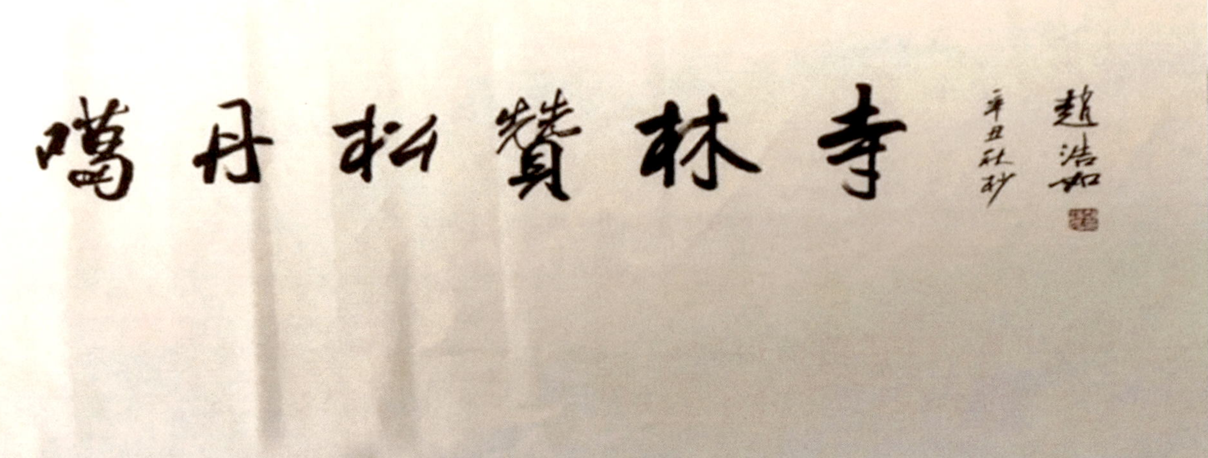

著名书法家赵浩如先生作品

著名花鸟画家王森祥先生作品

著名花鸟画家孙建东先生作品

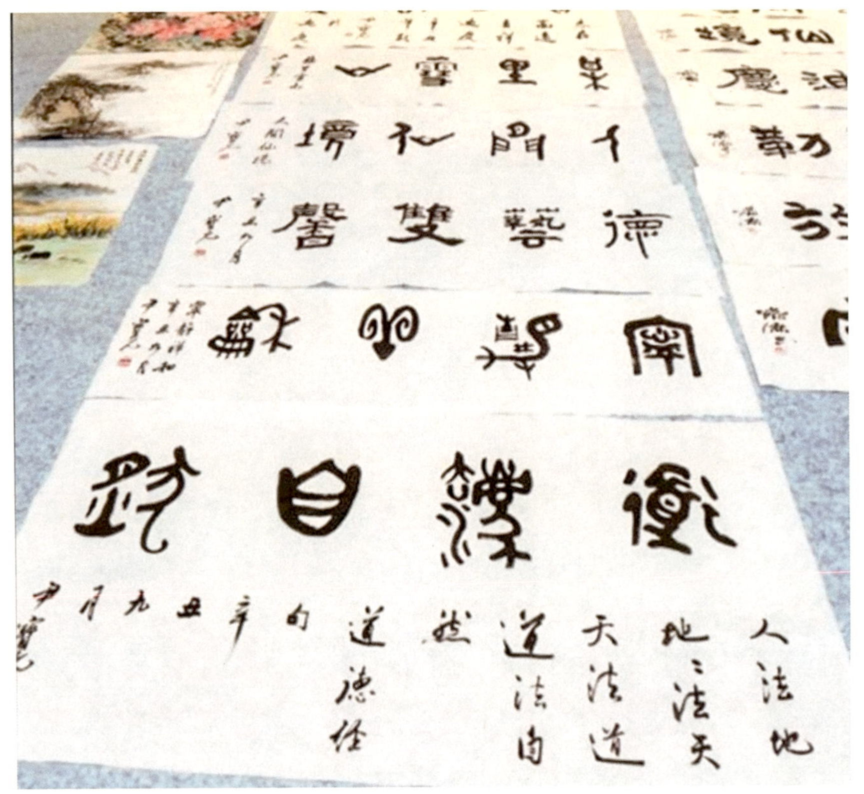

著名书法篆刻家尹宝元先生作品

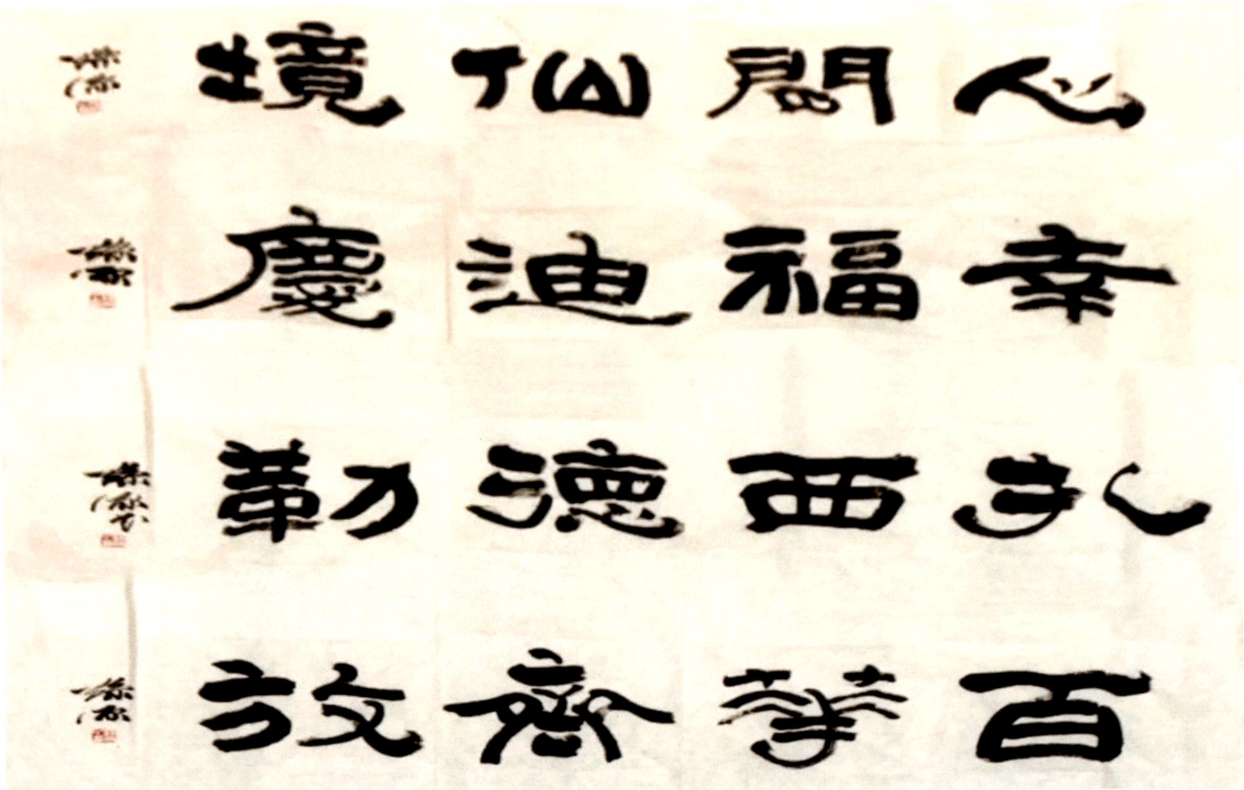

著名书法家孙源先生作品

2021年云南省文化馆“中国梦·边关情”暨民族团结进步大舞台文化志愿服务走进迪庆文化惠民演出活动

◇王文品

为促进民族团结一家亲，持续丰富迪庆州群众的精神文化生活，营造文明和谐、欢乐祥和的氛围，2021年10月26日至27日，来自迪庆、玉溪、曲靖、墨江等地的演出志愿者团队一行50余人深入香格里拉市民族文化广场、独克宗古城四方街开展了2021年云南省文化馆“中国梦·边关情”暨民族团结进步大舞台文化志愿服务走进迪庆文化惠民演出活动。

文化惠民演出活动现场

文化惠民演出合影

本次活动以“民族团结一家亲 边疆人民心向党”为主题，由云南省文化和旅游厅主办，云南省文化馆、迪庆州文化和旅游局承办，迪庆州文化馆、云南文化志愿服务总队、云南省群众文化学会协办。活动在云南省文旅厅、云南省文化馆、迪庆州文化和旅游局的关心、支持下，汇演节目精彩纷呈。演出通过国家公共文化云录播、云南公共文化云直播，7.7 万人次观众在“云端”共同感受着云南各族儿女像石榴籽一样紧紧拥抱在一起的团结和谐的精神风貌。

同时，迪庆州文化馆开展了文化志愿服务活动，为前来观看的游客和观众测量体温、发放医用口罩、节目宣传单等，大力推进文化志愿服务工作，营造全社会参与文化志愿服务的良好氛围。

文化惠民演出现场

文化惠民演出活动现场组图

通过举办此次文化惠民演出活动，进一步推动了迪庆州公共文化服务体系建设，满足了当地各族群众精神文化需求，体现了党和政府惠民爱民的好政策，让文化发展成果最大程度地惠及各族群众，促进文旅融合发展。

云南省民族团结进步大舞台暨第六届农民工文化节系列活动“文化六进”迎新春惠民演出迪庆香格里拉专场活动亮点多多

◇王文品

值此全国上下掀起学习贯彻党的十九届六中全会精神的热潮，深入学习贯彻中央民族工作会议以及习近平总书记给云南省临沧市沧源佤族自治县边境村的老支书们回信的重要精神之际，为推进迪庆州努力建设民族团结进步示范区的标杆，打造“世界的香格里拉”和农民工文化节品牌，保障全州群众和农民工基本文化权益，促进城乡公共文化服务体系一体化建设，特举办此次云南省民族团结进步大舞台暨第六届农民工文化节系列活动“文化六进”迎新春惠民演出迪庆香格里拉专场活动。

2021 年 12 月 8 日，由云南省农民工工作领导小组办公室、云南省文化和旅游厅、云南省人力资源社会保障厅主办，云南省文化馆、迪庆州文化和旅游局、迪庆州文化馆承办，中共拖顶傈僳族乡委员会、拖顶傈僳族乡人民政府协办的云南省民族团结进步大舞台暨第六届农民工文化节系列活动“文化六进”迎新春惠民演出迪庆香格里拉专场活动，在德钦县拖顶傈僳族乡文化广场举行。迪庆州文化馆全体干部职工、馆办艺术团、部分歌手、拖顶乡文化站职工和移民搬迁点农民演员及相关人员、拖顶乡群众等参加此次活动。

第六届农民工文化节系列活动“文化六进”迎新春惠民演出场地

第六届农民工文化节系列活动“文化六进”迎新春惠民演出活动现场组图（1）

演出在迪庆州文化馆俏夕阳艺术团的舞蹈《没有共产党就没有新中国》中拉开序幕。接着歌曲《忆梦》《阿妈的酥油灯》《香格里拉我可爱的家乡》，舞蹈《傈山欢歌》《弦袖飞舞》，弦子独奏《依雄哩啰》等精彩节目轮番上演，呈现出精彩纷呈的高水准、多形式的民族文化节目。

第六届农民工文化节系列活动“文化六进”迎新春惠民演出活动现场

第六届农民工文化节系列活动“文化六进”迎新春惠民演出活动现场组图（2）

此次惠民演出活动以群众喜闻乐见的方式为大家带来了一场视觉和文化的盛宴，活跃了基层的文化氛围，提升了广大文化志愿者的精神风貌，不仅丰富了广大农民工的精神文化生活，还激发了他们爱岗敬业的热情，充分展现了全州群众对“民族团结一家亲，边疆人民心向党”的坚定决心，以及“开民族团结之花，结乡村振兴之果”的伟大心愿！

第六届农民工文化节系列活动“文化六进”迎新春惠民演出人员合影

向广大农民工和观众送春联组图

演出活动期间迪庆州文化馆为广大农民工和观众送春联、送对联。

12 月 8 日下午，迪庆州文化馆全体干部职工和馆办艺术团不辞辛苦持续深入到塔城镇文化活动广场，开展了“世界的香格里拉弘扬经典 传承文化”2021 年迪庆州文化馆“大家乐”民族广场舞经典集萃普及、推广、教学活动。

“大家乐”民族广场舞经典集萃组图

迪庆州文化和旅游局喜迎党的二十大“勇担新使命，奋进新征程”暨2022年“世界的香格里拉”书美影作品展开展

◇王文品

2022年5月25日下午，迪庆州文化和旅游局喜迎党的二十大“勇担新使命，奋进新征程”暨2022年“世界的香格里拉”书美影作品展在迪庆州文化馆开展。活动由迪庆州文化和旅游局主办，迪庆州文化馆承办，黔香书画院协办。迪庆州文化和旅游局党委委员、副局长马彩花同志主持开展仪式。

迪庆州文化和旅游局党委委员、副局长马彩花同志主持开展仪式

迪庆州文旅局党委书记、局长高翔同志出席活动并宣布开展。他表示，迪庆是一个融雪山、冰川、峡谷、森林、草甸、湖泊等各种美丽自然景色于一处的殊胜之地。迪庆之美，美在鲜艳而纯净、热烈而祥和、多彩而圣洁。迪庆纯净湛蓝的天空，变幻莫测的云彩，历史悠久的藏房民居，遍地开放的狼毒花、格桑花以及各色不知名的花朵，色域缤纷、繁茂层叠、交辉相映，是无数艺术家心生向往的地方。通过本次展览，可以欣赏云南省部分专家的作品，也能更深层地了解迪庆人文风情的千姿百态，认识迪庆书美影艺术，领略迪庆州的魅力，推动迪庆州艺术的发展。

迪庆州文旅局党委书记、局长高翔同志出席活动并宣布开展

迪庆州文化和旅游局相关科室负责人、书法美术摄影家协会负责人、书美影专家老师、迪庆州文化馆全体干部职工、俏夕阳艺术团成员、雍恰硕艺术团成员参加了此次活动。

此次活动经过前期策划、调研采风、作品征集、装框装裱，从征集到的作品中遴选出 81 幅贴近生活，反映时代气息，讴歌时代新貌的书法、绘画、摄影作品参展。

为了加强云南省文史研究馆与迪庆州的文化交流和传播，让艺术创作更加贴近生活，反映时代气息，增进文化繁荣，2021 年 10 月，云南省文史研究馆馆员，云南书画院研究员一行 20 人赴迪庆州开展了一次文化进基层调研活动。调研后在迪庆州文化馆进行了笔会交流创作，大家倾心而为，留下了珍贵的笔墨。

本次展览不仅展出了云南省文史馆各位书画家留下的作品，同时迪庆州文化馆还向迪庆州书法协会、美术摄影家协会及社会各界的书法、绘画、摄影爱好者开展作品征集，历时 3 个月，选取出优秀作品进行此次展览，将迪庆州优秀的书美影作品展现在大家面前。

本次参展的书法作品有洒脱飘逸的行书、平稳端庄的隶书等，绘画作品内容涉及人物、山水、花鸟等多种题材，笔墨淋漓，色彩斑斓，具有很强的观赏性和感染力。

2022 年“世界的香格里拉”书美影作品展现场组图

迪庆州文化馆举办的美术摄影采风培训及现场教学暨作品成果展览培训班活动顺利完成

◇王文品

2022年10月24日—28日，迪庆州文化和旅游局主办，迪庆州文化馆承办，香格里拉疏影画室（黔香书画苑）协办的美术摄影采风培训及现场教学暨作品成果展览培训班活动在香格里拉市三坝乡白水台、哈巴村，洛吉乡尼汝村、七彩瀑布等多地开展。

此次活动邀请了州内20余名摄影、绘画爱好者及部分中小学和培训班的美术老师共同参与写生。活动中，大家纷纷择景作画、摄影，完成了大量美术、摄影作品。此次写生活动创作的作品将于年底在迪庆州文化馆一楼展厅展出，届时将诚挚邀请广大群众前来参观。

迪庆州文化馆将继续组织开展不同艺术形式的文化活动，发挥群众文化组织平台作用，团结凝聚更多的群众文化工作者，充分挖掘迪庆州丰富的文化内涵，在纸笔间记录精彩，通过更多优秀的文艺作品，更好地激发迪庆群众文化事业的活力。

美术摄影采风培训及现场教学暨作品成果展览培训班合影

写生采风现场组图

迪庆州文化馆深入学习贯彻落实党的二十大精神“乡村村晚”暨“戏曲进乡村”惠民演出活动在塔城开展

◇王文品

为深入贯彻落实党的“二十大”关于推进文化自信自强，铸就社会主义文化新辉煌以及推动迪庆州文化建设，进一步做大做强“世界的香格里拉”文化旅游品牌，2022年11月16日上午，迪庆州文化馆在塔城镇文化广场开展深入学习贯彻落实党的“二十大”精神“乡村村晚”暨“戏曲进乡村”惠民演出活动。

此次活动由迪庆州文化和旅游局主办，迪庆州文化馆、塔城镇党委政府承办，迪庆州香巴拉文化传媒有限公司协办。迪庆州文化和旅游局党委委员、副局长马彩花同志在讲话中结合工作对“二十大”精神进行了宣讲，塔城镇人民政府镇长赵志忠同志参加活动并致欢迎词。

演出在独具塔城民族特色的说唱《格萨尔》中拉开帷幕，弦子曲《弦子声声颂党恩》，歌曲《向往神鹰》《美丽的香格里拉》，舞蹈《塔城热巴》等丰富多彩的节目精彩上演，赢得现场观众掌声连连，切身感受到乡村传统文化的魅力和乡村发展的时代面貌。惠民演出活动在大家共同参与的世界的“香格里拉”广场舞中落下帷幕。

“戏曲进乡村”惠民演出活动合影

马彩花副局长讲话并进行党的二十大精神宣讲

赵志忠镇长致欢迎词

"戏曲进乡村"惠民演出活动现场组图

迪庆州文化馆开展迪庆民族民间传统文化搜集整理弘扬文化系列活动之三坝纳西族“二月八”民俗节日调研采风

◇王文品

“二月八”是纳西族的传统节日，特别在香格里拉市尤以三坝乡，纳西族传统的“二月八”最为盛大热闹。

为深入贯彻落实党的二十大精神，深刻领悟中华民族传统民俗节日的文化内涵，弘扬中华民族传统文化，进一步挖掘地方传统节日文化，为乡村振兴提供可持续发展动力和文化支撑，2023 年 2 月 26 日—27 日，迪庆州文化馆在香格里拉市三坝乡白水台开展纳西族“二月八”民俗节日调研采风活动。此次调研，以三坝纳西族“二月八”活动为主题，在白水台对纳西族“二月八”传统民俗文

纳西族“二月八”民俗节日文艺汇演

化、民族歌舞进行深入调研。活动期间，迪庆州文化馆业务人员与纳西族民间传承人进行了民族乐器的交流探讨及学习，收集、整合了众多民族音视频、图片等资源，为迪庆州文化馆创作出更多群众喜爱的民族广场舞和音乐作品打下了坚实的基础。

纳西族“二月八”民俗节日文艺汇演现场

纳西族“二月八”民俗节日文艺汇演组图(1)

“二月八”这一天，各族群众身着节日盛装，不远百里而来，欢聚东巴圣地白水台。现场炊烟四起，祥云缭绕，欢笑声、歌舞声此起彼伏，沉浸在隆重、和谐、欢乐的节日氛围中。

纳西族“二月八”民俗节日文艺汇演组图(2)

迪庆州文化馆与叶枝镇松洛村委会联合开展热烈庆祝中国共产党建党 102 周年暨惠民文艺演出活动

◇王文品

为热烈庆祝中国共产党成立 102 周年，引导群众传承红色精神，赓续红色血脉，充分发挥中国共产党的先锋模范作用和基层党组织的战斗堡垒作用，2023 年 7 月 4 日，迪庆州文化馆党支部联合松洛村党总支及维西县市场监督管理局、维西县非公经济党委、叶枝镇党委政府等单位在维西县叶枝镇松洛村委会共同开展热烈庆祝中国共产党建党 102 周年暨惠民文艺演出活动。

上午，隆重开展了庆祝中国共产党建党 102 周年活动。活动通过表彰先进、上党课等六项议程，发扬党的优良传统，进一步激发党员“知党、爱党、信党、颂党、永远跟党走”的爱国情感，进一

热烈庆祝中国共产党建党 102 周年暨惠民文艺演出活动

步推动党员同志加强党性修养，增强党员意识，不断拼搏进取，发挥先锋模范作用。

下午，开展了文化惠民演出活动。演出在松洛村独具特色的傈僳族舞蹈《党的政策阿克吉》中拉开序幕，《弦子独奏》《二十大之歌》《阿尺目刮》《五彩哈达》等节目轮番上演，精彩纷呈，引起现场观众连连喝彩……

此次活动既是对七一建党节的献礼，也是党群连心、政民情深的生动体现，进一步增强了群众的获得感与归属感，丰富了群众的文化生活。

惠民文艺演出活动组图（1）

惠民文艺演出活动组图（2）

迪庆州文化馆2023年吉迪松茸节暨“乡村夏季村晚”走进建塘吉迪文化惠民活动顺利开展

◇王文品

为深入贯彻落实党的二十大精神，进一步巩固“乡村村晚”品牌在香格里拉的成果，推进民族文化和生态文化相结合，做大做强“世界的香格里拉”文化旅游品牌，营造各民族共同团结进步的良好氛围，助力乡村振兴，2023年7月15日，以深入贯彻会议思想，着力建设美丽平安香格里拉为主题的2023年吉迪松茸节暨“乡村夏季村晚”走进建塘吉迪文化惠民活动在吉迪村成功举办。

上午的开幕式由中共建塘镇委员会、建塘镇人民政府、建塘镇新时代文明实践所主办，迪庆州文化馆、中共建塘镇吉迪村总支部委员会、吉迪村村民委员会承办，香格里拉市融媒体中心协办。

“乡村夏季村晚”走进建塘吉迪文化惠民活动现场

当地群众及八方来客身着民族盛装前来参加活动。扣人心弦的文艺演出，赏心悦目的服饰展演和独具特色的非遗文化体验等为前来参加活动的嘉宾、现场群众们及观看直播的观众们带来一场精彩的视听盛宴！

"乡村夏季村晚"走进建塘吉迪文化惠民活动现场组图（1）

“乡村夏季村晚”走进建塘吉迪文化惠民活动现场组图（2）

下午由迪庆州文化和旅游局主办、迪庆州文化馆承办的“乡村夏季村晚”走进建塘吉迪文化惠民活动成功开展。活动现场宾朋满座，热情高涨。活动在迪庆州文化馆雍恰硕艺术团舞蹈《奋进新征程》中拉开序幕，随后丰富多彩的歌舞器乐表演轮番上阵，把活动推向高潮，现场掌声雷动。同时，迪庆州文化馆在云南省公共文化云平台对两场活动进行了现场直播，线上浏览量达 7 万多人次。

“乡村夏季村晚”走进建塘吉迪文化惠民活动现场组图（3）

“乡村夏季村晚”走进建塘吉迪文化惠民活动现场组图（4）

“乡村夏季村晚”走进建塘吉迪文化惠民活动合影

“迎中秋·庆国庆”夜间群众文化广场舞暨文旅志愿服务活动精彩纷呈！

◇王文品

2023年10月1日—4日每晚18:30—22:00，迪庆州文化馆“迎中秋·庆国庆”夜间群众文化广场舞活动在香格里拉市独克宗古城月光广场火热开展。来自迪庆州文化馆的群众文化工作者及馆办艺术团俏夕阳艺术团成员与千余名广场舞爱好者齐聚广场，用激昂的舞步礼赞祖国、喝彩家乡！

“迎中秋·庆国庆”夜间群众文化广场舞活动

"迎中秋·庆国庆"夜间群众文化广场舞活动组图

此次夜间群众文化广场舞活动是迪庆州中秋、国庆文旅系列活动之一，是打造群众文化活动品牌，推动公共文化服务高质量发展，丰富群众假日文化生活的主要举措。

迪庆州文化馆全体干部职工志愿加入文旅志愿者队伍，为广场舞及演唱会活动的有序开展提供了有力保障。

文化志愿活动组图

迪庆州文化馆参与组织开展首届世界的“香格里拉”文化旅游节系列活动圆满结束！

◇王文品

天色渐暗，暮色渐浓，一场演唱暨篝火狂欢在秋日的晚风里展开。2023 年 10 月 28 日晚，迪庆州首届世界的“香格里拉”文化旅游节篝火狂欢晚会在迪庆州民族文化广场拉开帷幕。29 日—30 日晚，迪庆州文化馆在独克宗古城月光广场开展了首届世界的“香格里拉”文化旅游节本土歌手演唱会暨篝火狂欢晚会。此次活动由迪庆州文化和旅游局、迪庆州文学艺术界联合会主办，迪庆州文化馆承办。

演唱会上，《美丽的香格里拉》《梅里路上》《哈达献给新时代》《吉祥家园》《弦之韵》……一首首动听的曲目唱响了新时代、新迪庆的赞歌，也让来自海内外的游客感受到香格里拉独特的魅力与热情。

本土歌手演唱会现场组图（1）

本土歌手演唱会现场组图（2）

夜幕下的篝火晚会上，伴随着悠扬动听的旋律，燃烧着歌声、笑声、欢呼声，各族群众及各地游客在篝火旁共舞，共同感受着晚会带来的热烈氛围，在演员及志愿者的带领下，踏歌起舞，用舞姿传递热情，用笑容展现喜悦，切身体会到迪庆·世界的“香格里拉”浓郁的民族风情。

10月30日上午，世界的“香格里拉”——金秋赛马节在五凤山赛马场开幕。迪庆州文化馆全体干部职工及馆办艺术团俏夕阳艺术团成员、雍恰硕艺术团成员近110人参加了开幕式场景呈现展演，通过呈现藏族生活场景、群众跳锅庄、拉弦子及多民族广场舞等场景，为开幕式增添色彩，让观众在观看赛马之余，感受迪庆别样的风土人情！

篝火晚会现场组图（1）

篝火晚会现场组图（2）

迪庆·“世界的香格里拉”广场舞走进云南省丽江市、大理州、楚雄州、昆明市及西双版纳州宣传推广交流活动圆满结束

◇王文品

广场舞交流活动合影组图

为进一步加大迪庆·“世界的香格里拉”广场舞的普及宣传推广力度，丰富“彩云之南等你来”夜间群众文化生活，扩大迪庆民族广场舞的影响力，加强公共文化服务体系建设，2023年3月20日—31日，迪庆州文化和旅游局主办、迪庆州文化馆承办的迪庆·“世界的香格里拉”广场舞普及推广交流活动先后在丽江市、大理白族自治州、楚雄彝族自治州、昆明市、西双版纳傣族自治州等地开展。活动采用线上线下全渠道、立体化、多平台的宣传推广工作，全面助力“世界的香格里拉”品牌的宣传和推广。

活动中，迪庆州文化馆的6位老师带领当地群众参与学习了“世界的香格里拉”系列广场舞，通过领舞、讲解、动作分解等方式，让大家感受了迪庆州藏族、汉族、纳西族、傈僳族等多民族广场舞经典音乐及代表性动作。现场吸引了众多群众参与

活动，大家在多民族独具风格的音乐舞蹈中，踏着轻快的节奏在广场中央舞动起来，围观群众纷纷举起手机，通过微信朋友圈、抖音等记录了美好时刻。此次推广宣传活动现场参与人数达到6750余人，抖音平台网络发布点击量达11.7万人次。

广场舞交流活动现场组图

迪庆州文化馆积极向云南省文化馆争取云南省群众文化学会广场舞委员会落地迪庆，致力于民族音乐和广场舞的挖掘、普及、推广、发展，通过此次宣传推广活动，把迪庆世界的香格里拉民族广场舞带进了云南各州市，在打开知名度的同时促进了“文旅融合+民族团结进步”全面发展的良好氛围，最大限度地发挥了公共文化服务效能，真正做到了广场舞为民、乐民、健身和寓教于乐的功能，满足了群众多方面、多层次的精神文化需求，让群众得以通过更贴心的方式深度认识、了解“世界的香格里拉”。

昆明民族团结大舞台 2023 年文艺精品展演迪庆州专场演出圆满落幕

◇王文品

9 月 26 日下午，昆明市文化和旅游局、昆明市民族宗教事务委员会，迪庆州文化和旅游局、迪庆州民族宗教事务委员会主办，昆明市文化馆、迪庆州文化馆承办的昆明民族团结大舞台 2023 年文艺精品展演迪庆州专场演出，在昆明市南屏步行广场隆重举行，精彩纷呈的文艺演出和非物质文化遗产展示，为广大市民、游客带来了一场“魅力春城、多彩花都、梦境香格里拉”的“民族文化盛会”。

昆明民族团结大舞台 2023 年文艺精品展演迪庆州专场演出活动舞台

昆明民族团结大舞台2023年文艺精品展演迪庆州专场演出活动现场

昆明市文化和旅游局副局长李燕讲话

迪庆州文化和旅游局副局长李强同志宣布活动开始

伴随着悠扬的弦子，演出拉开帷幕，来自迪庆州的演员们用美妙的歌声和曼妙的舞姿征服了现场观众，首先俏夕阳艺术团带来的舞蹈《阿尺目刮》震撼登场，天籁之音《弦歌》《莱索莱》《德钦姑娘》轮番献唱；雍恰硕艺术团带来的舞蹈《舞步飞扬》展现了人民脱贫致富、奔向美好生活的状态；《梅里路上》和《美丽的香格里拉》将气氛推向高潮；傈僳族音乐《瓦器器》让人眼前一亮，靓丽的多民族服饰展示让现场观众体验了一场“最炫民族风”。

昆明民族团结大舞台 2023 年文艺精品展演迪庆州专场演出活动现场组图

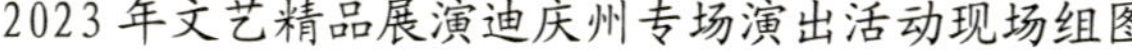

2023 年文艺精品展演迪庆州专场演出活动现场组图

2023 年文艺精品展演迪庆州专场演出活动现场合影

活动现场还向广大市民、游客展示了“奔子栏藏族服饰”“尼西黑陶”“藏绣技艺”等非物质文化遗产。

“奔子栏藏族服饰”“尼西黑陶”“藏绣技艺”展示

活动当晚，昆明、迪庆两地的群众文化工作者及文化志愿者们在南屏步行广场与市民、游客载歌载舞，共同跳起民族广场舞，在欢乐祥和的气氛中一起迎接新中国 74 周年华诞。

志愿者与市民、游客载歌载舞

迪庆州文化馆在昆明各大广场开展迪庆·世界的“香格里拉”民族广场舞普及推广交流活动

◇王文品

近日，迪庆州文化馆一行人前往昆明市开展了为期一个星期的多场迪庆·世界的“香格里拉”民族广场舞普及推广交流活动。此次活动旨在进一步宣传和推广世界的“香格里拉”品牌，促进迪庆民族广场舞的普及、推广和发展，同时为文旅融合和民族团结进步贡献力量。

迪庆州文化馆的老师们相继在昆明市吾悦广场、月牙潭公园、云南星耀体育篮羽中心、南屏步行街向格桑锅庄队、月牙潭锅庄队、迪庆锅庄队、啊若康巴锅庄队及当地群众开展了迪庆·世界的“香格里拉”经典集萃广场舞普及推广及教学交流活动。通过现场领舞的方式，让大家深刻体会到迪庆藏族、纳西族、傈僳族等多民族的经典音乐及欢快热烈的广场舞，这些舞蹈具有丰富的民族特色和地方文化气息，受到了众多观众的关注、参与、点赞。

迪庆·世界的“香格里拉”民族广场舞普及推广交流活动现场组图（1）

迪庆·世界的“香格里拉”民族广场舞普及推广交流活动现场组图（2）

同时，此次活动采用了线上线下全渠道、立体化、多平台的宣传推广方式，期间还通过现场直播的方式向全国各地的观众展示了迪庆·世界的“香格里拉”民族广场舞的魅力，全面助力“世界的香格里拉”品牌的宣传和推广。

迪庆·世界的“香格里拉”民族广场舞普及推广交流活动合影

活动不仅在昆明市引起了广泛关注，也在其他州市产生了积极反响。许多市民和游客纷纷表示，通过这次活动更加深入了解了“世界的香格里拉”的魅力，对迪庆州民族文化和旅游资源产生了浓厚兴趣。此次广场舞普及推广交流活动取得了圆满成功，同时也促进了文旅融合和民族团结进步的发展，为广大群众带来了丰富多彩的文化体验和生活乐趣。

2023年迪庆州文化馆（站）业务骨干能力提升暨书法春联创作培训以及惠民演出活动圆满结束

◇王文品

为深入宣传贯彻落实党的二十大精神，推动迪庆州群众文艺创作和群众文化活动繁荣发展，更好地满足迪庆州广大人民群众精神文化需求，进一步提升新时代公共文化服务效能及全州文化馆（站）业务人员的专业素质和业务水平，2023年11月7日，2023年迪庆州文化馆（站）业务骨干能力提升暨书法春联创作培训班在香格里拉市金江镇兴隆村红色文化研学基地开班，来自全州文化馆（站）60余名群众文化工作者参加培训。

开班仪式

王文品主持开班仪式

金江镇人民政府、副镇长李书贤致欢迎词

迪庆州文化和旅游局党委委员、副局长李强作开班动员讲话

迪庆州文化和旅游局党委委员、副局长李强作开班动员讲话。他强调，作为全州开展群众文化工作的带头者要加强学习，认真学习领会各位专家老师的授课内容，在今后的工作中对推动公共文化服务高质量发展起到重要的作用，切实增强干事的本领能力，做到知其所来、晓其所在、明其所往，练好“内功”，学好业务，比学赶超。同时，还要珍惜学习机会，带着问题学，带着思考学，在有限的时间内学有所得，学有所成，做到将学习成果贯穿今后工作生活的始终，锻造一支积极向上的群众文化队伍，奋力开创群众文化工作的新局面。

此次培训班课程制定合理、内容丰富。学员们先后观看和学习了《金江 1936》，由兴隆村主任李杰讲解、兴隆村文化志愿者陈春兴交流了《红色文化引领，助推乡村振兴》、迪庆州文化和旅游局晏裕发的《文化站评估定级解读》、云南省文化馆曹野默的《<无情三十问>——云南群文戏剧创作的方法步骤和几点思考》以及书法春联创作培训进行了现场创作书写及点评。课上，教师们生动形象、幽默风趣的授课方式吸引了到场的学员们，大家纷纷表示收获很大，希望充分利用这次交流的机会，相互学习，不断提升自身的业务水平。

教师授课组图　　　　现场创作组图

此次培训，还开展了“传承红色精神，争做时代先锋”的主题党日活动，全体党员重温入党誓词，并参观了红色文化园等。

“传承红色精神，争做时代先锋”主题党日活动组图

11 月 9 日下午，开展了冬季乡村村晚惠民专场演出。活动中，演员们着装整齐、带着自信饱满的情绪亮相舞台。演出形式多样、内容丰富，充分体现了群众参与演出、演给群众的美好愿景，赢得了现场观众阵阵掌声！

迪庆州文化馆党支部书记、馆长王文品同志作培训班结业仪式主持。迪庆州文化和旅游局公共服务科晏裕发科长作培训班小结。

冬季乡村村晚惠民专场演出现场组图（1）

冬季乡村村晚惠民专场演出现场组图（2）

颁发结业证书、书籍等物品

11 月 6 日—8 日晚，开展了为期 3 天的“世界的香格里拉”夜间群众文化广场舞培训。此次培训充分发挥了区域中心馆、总分馆制的作用，发挥了州、县（市）、乡、村群文工作四级联动的交流工作平台的作用。学员们热情高涨，积极参与互动和讨论。他们表示，这次培训不仅让他们学到了很多知识和技能，还激发了他们对群众文化工作的热爱和追求。此次培训，不仅为基层文旅工作者提供了学习和交流的机会，也为推动群众文化在基层的普及和发展提供了有力的支持。同时，通过理论教学、现场教学、案例模拟、情景教学、座谈交流、参观学习等多项课程设置，进一步引导全州群众文化工作者夯实理论功底、拓宽思路视野、明确前进方向，提升综合素质和业务能力，以实际行动展现新作为、彰显新担当、贡献新力量。

冬季乡村村晚惠民专场演出活动合影

第四部分

成果展示

“奋斗杯”获奖作品

◇王文品

2020年9月27日晚，“奋斗杯”云南省群众文艺作品大赛获奖作品展演在云南省大剧院隆重举行，带给人们感受彩云追梦的奋斗心声和时代乐章。迪庆州舞蹈类作品《卓玛的新视界》、音乐类作品《相伴在路上》参加了展演。

舞蹈《卓玛的新视界》

迪庆州报送的作品在本届大赛中取得了较好的成绩，迪庆州文化馆报送的散文《大嬷的幸福生活》获得了文学类三等奖；舞蹈《卓玛的新视界》获得了舞蹈类作品二等奖；歌曲《相伴在路上》获得了音乐类二等奖；短视频《光明》获得了短视频类三等奖。

《卓玛的新视界》以“脱贫攻坚助力广大百姓开启生活新篇章”为背景，展现了在国家政策的正确引导和全力支持下，一群藏族妇女外出学习取经的情景。舞蹈以迪庆藏族建塘锅庄为素材，以自拍杆和手机为道具，融入时尚诙谐的元素，用自拍、逗趣等情节，使原生态和时代感交相辉映，充分展示了在脱贫致富的道路上，迪庆藏族儿女生活发生的翻天覆地的变化，大家砥砺前行，携手奔向小康的美好生活状态。

舞蹈《卓玛的新视界》组图

演唱《相伴在路上》

歌曲《相伴在路上》以一路上忘记那悲伤、一路上始终要顽强奋斗的力量和希望、相伴在扶贫的路上、一路上使命要担当、一路上初心永不忘进取的力量和希望，相伴在扶贫的路上为背景。

迪庆州入围第四届云南省群众文化“彩云奖”作品

◇王文品

由迪庆州文化馆和德钦县文化馆共同创作排演的舞蹈《我拉弦·我快乐》是根据云南省迪庆州德钦县弦子舞编创的舞蹈。德钦弦子历史悠久，古老神奇，形式独特，民族气质强烈，高原特色浓郁。弦子舞舞姿优美，刚柔兼备，旋律轻快流畅，节奏鲜明开朗。体现了德钦县的康巴汉子彪悍、勤劳与热爱生活，展现了藏族人民过上美好幸福生活的精神面貌。

舞蹈《我拉弦·我快乐》

合唱《宫廷酒歌》

《宫廷酒歌》起源于德钦县托顶乡，表现的是农牧民生产生活的场景，抒发了对党的恩情和农民过上幸福生活的图景。

全国“群星奖”复赛作品

◇王文品

迪庆州文化和旅游局选送的音乐类作品《阿拉拉姆》、舞蹈类作品《香格里拉新歌》入选全国“群星奖”复赛。

2022 年 5 月 20 日，在迪庆州文化和旅游局的带领下，迪庆州文化馆全体演职人员奔赴昆明录制全国“群星奖”复赛舞蹈作品《香格里拉新歌》。时隔 6 年，迪庆州选送作品于 2022 年再次入围全国“群星奖”复赛。

舞蹈作品《香格里拉新歌》

《香格里拉新歌》在全国第十九届“群星奖”复赛中取得优异成绩，自排练以来，迪庆州文化馆邀请专家指导工作，一起与编导老师展开讨论，对舞蹈结构、创作手法呈现等多方面指出指导意见。加班加点对每一个动作走位、每一个角色表情反复揣摩、排练，最终，演员们以最佳状态完成了此次复赛视频录制，效果良好，赢得好评。

舞蹈作品《香格里拉新歌》组图

2021年“五一”文化旅游周系列活动“云舞飞扬感党恩”广场舞大赛

◇王文品

飘扬的党旗
艳丽的服装
摇曳的舞姿
欢快的歌曲
幸福的欢笑
……

“云舞飞扬感党恩”广场舞大赛活动现场（1）

“云舞飞扬感党恩”广场舞大赛活动现场（2）

2021年5月1日下午，迪庆州文化和旅游局主办的庆祝中国共产党成立100周年“感党恩、听党话、跟党走”“五一”文化旅游周系列活动“云舞飞扬感党恩”广场舞大赛暨展演在香格里拉市独克宗古城月光广场精彩开演。

活动现场，人头攒动，气氛热烈。来自俏夕阳艺术团、雍恰硕民间艺术团、迪庆香格里拉经济开发区、塔城镇、仓房社区的13支参赛队伍盛装亮相，各参赛队围绕庆祝建党100周年“感党恩、听党话、跟党走”这一主题，精心准备了参赛作品。《筑牢中国梦》《毛主席的光辉》《没有共产党就没有新中国》等竞演节目相继亮相，伴随着欢快的音乐，踩着整齐划一的步伐翩翩起舞，时而激情飞扬，时而温婉柔顺，时而气势磅礴，尽情向现场观众、评委展示着优美舞姿。精彩的表演赢得了全场持续不断的掌声、喝彩声，展现出广场舞的独特魅力。

“云舞飞扬感党恩”广场舞大赛活动现场（3）

“我是第一次来香格里拉，在这里我看到了蓝天白云，感受到当地群众的热情好客，还有丰富多彩的民族文化，特别是今天现场观看了充满民族文化特色的歌舞表演，感觉特别震撼。”来自北京的游客觉得香格里拉很美，表示以后还会再来。

参加竞演的领队们表示：“得知举办广场舞大赛的消息后，我们第一时间动员参加、报名。为了能在本次比赛中取得好成绩，从舞蹈编排、音乐选择再到服饰妆容的搭配，我们都花费了很多心思。通过参加活动，希望有更多人加入到广场舞健身的行列中来。”

经过两天激烈的角逐，十支参赛队伍进入决赛。最终雍恰硕艺术团的节目《共产党来了苦变甜》获得桂冠；俏夕阳艺术团一队、北门社区荣获二等奖；仓房社区、金龙社区、建塘社区的节目荣获三等奖。

“云舞飞扬感党恩”广场舞大赛活动颁奖仪式组图

近年来，迪庆州委、州政府高度重视群众精神文化生活，组织开展了内容丰富的新时代文明实践活动。通过联办文化活动、联推文化项目、联建文艺队伍，全州文化互融互通更加广泛，铸牢中华民族共同体意识、各民族一家亲的理念更加深入人心。举办“云舞飞扬感党恩”广场舞大赛暨展演，是倡导健康、文明、科学、时尚的生活方式的具体举措，更是按照文旅融合、宜融则融、能融尽融、以文促旅、以旅展文的原则，通过活动展示迪庆州多元民族文化魅力和多元的民族风情，提升香格里拉文化旅游品牌，推动文旅事业健康发展的具体行动。

2022年云南省七彩云南全民健身日活动启动仪式暨民族健身操、世界的香格里拉广场舞大赛在迪庆州香格里拉市圆满结束

◇王文品

为贯彻落实好健康中国和全民健身国家战略，加快旅游业恢复发展，掀起全民健身和民族文化展示活动热潮，促进文化旅游融合发展，打造世界的香格里拉，2022年8月5日，迪庆州文化和旅游局、迪庆州教育体育局主办，迪庆州文化馆、迪庆州体育总会承办的2022年云南省七彩云南全民健身日活动启动仪式暨民族健身操、世界的香格里拉广场舞大赛在香格里拉民族体育中心体育馆举行。

2022年云南省七彩云南全民健身日活动启动仪式

上午 9:00，启动仪式在雄壮的国歌声中拉开序幕。启动仪式由迪庆州文化和旅游局党委书记局长高翔同志主持。

迪庆州文化和旅游局党委书记局长高翔同志主持启动仪式

迪庆州人民政府副州长李清培同志出席活动并讲话

健身操展演、比赛现场组图

下午，迪庆州文化馆承办的“世界的香格里拉广场舞大赛”在体育馆顺利开展。云南省文旅厅、云南省文化馆、迪庆州文化和旅游局相关部室领导参加此次活动。

迪庆州文化和旅游局党委委员副局长马彩花同志主持广场舞大赛

云南省文化馆馆长郭维平同志参加活动并讲话

迪庆州文化和旅游局党委书记局长高翔同志讲话并宣布比赛开始

云南省文化馆副馆长李冰江同志（左一）为迪庆授予云南省群众文化学会广场舞专业委员会匾牌，迪庆州文化馆馆长王文品同志接牌

比赛现场，来自全省各州市的15支代表队热情高涨、倾情表演，《藏家儿女心向党》《花腰摆》《灯火里的中国》……伴随着一首首动人的旋律，参赛队员们着装各具特色，以整齐的动作、饱满的精神、灵动的舞步，给现场和线上的观众献上了一场地方特色浓郁的文化大餐。

嘉宾、评委、演员及工作人员合影

经过紧张激烈的角逐，最终迪庆州文化馆俏夕阳艺术团荣获一等奖，德钦县老年干部艺术团广场舞队、迪庆州文化馆雍恰硕民间艺术团、玉溪市代表队荣获二等奖，其余代表队分别荣获三等奖及优秀组织奖。

颁奖仪式组图

共享新时代，共舞新迪庆
2023年“香格里拉”广场舞比赛

◇王文品

2023年4月29日至5月2日，迪庆州文化和旅游局主办、迪庆州文化馆承办的共享新时代、共舞新迪庆2023年“香格里拉”广场舞比赛在独克宗古城月光广场如期举行。

经过各相关工作人员、志愿者的努力，以及各参赛代表队的积极参与，5月1日晚，此次广场舞决赛圆满完成。荣获一等奖的是香格里拉市文化馆迪庆民专代表队，荣获二等奖的分别是甘孜州巴塘县代表队和昌都市代表队，荣获三等奖的分别是德钦县文化馆桑卓服饰有限公司代表队、玉树藏族自治州代表队、甘孜藏族自治州得荣县代表队、那曲市代表队，荣获优秀奖的分别是维西县文化馆代表队二队、迪庆州文化馆雍恰硕艺术团、迪庆州文化馆俏夕阳艺术团。荣获优秀组织奖的分别是迪庆州文化馆、开发区群团办、香格里拉市文化馆、德钦县文化馆、维西县文化馆。

5月2日晚，广场舞大赛完美闭幕，香格里拉舞动的夜晚、欢乐的海洋——来年诚挚地邀请您继续参与。

共享新时代，共舞新迪庆，2023年“香格里拉”广场舞比赛

迪庆州文化馆工作人员和志愿者们筹备活动组图（1）

迪庆州文化馆工作人员和志愿者们筹备活动组图（2）

迪庆州文化和旅游局党委书记、局长高翔同志颁发一等奖

迪庆州文化和旅游局党委委员、副局长蒲向红同志颁发二等奖

迪庆州文化和旅游局党委委员、副局长马彩花同志颁发三等奖

迪庆州文化馆党支部书记、馆长王文品同志颁发优秀奖

迪庆州文化和旅游局公共服务科晏裕发科长颁发优秀组织奖

篝火晚会

后记

本书旨在探讨群众文化的多样化发展，通过对各种群众文化现象的研究和分析，揭示了群众文化在当代社会中的重要性和多样性。在撰写本书的过程中，笔者深入研究了群众文化的历史渊源、表现形式、社会影响等方面，力求全面、准确地呈现群众文化的发展脉络和特点。同时，笔者也关注到了群众文化在数字化时代所面临的机遇和挑战，探求通过创新和发展来满足人民群众日益增长的文化需求。作为公共文化服务体系建设的一分子，宣传和发扬迪庆群众文化多样化发展本是分内之事。

迪庆作为“藏彝民族走廊”和“茶马古道”的核心区，拥有几千年的悠久历史和灿烂文化，各民族群众在此交往交流交融，和睦相处，亲善相依，共同绘就了丰富多彩的民族文化，促进群众文化高质量发展。本书从策划到搜集、整理，整整用了两年时间，但也未做到尽善尽美。本书的出版，是引玉之砖，在公共文化发展中，群众文化振兴是不可缺位的，如能掀起群众文化发展的又一个高潮，引起各级各界对群众文化工作的重视，则善莫大焉。

展望未来，群众文化的多样化发展将继续成为社会关注的焦点。我们将进一步加强对群众文化的研究和探索，不断推动群众文化的创新和发展。同时，我们也希望本书能够为广大读者提供有益的参考和启示，促进群众文化的繁荣和发展。

最后，真诚地感谢民族出版社对本书的意见和建议。同时由于编辑、修改、校对时间紧，难免有提不到、想不到及文字表述欠妥之处，敬请读者批评指正。

王文品

2024 年 3 月 11 日